A1

Goutte à goutte

Tome 1

Eun-Mee RHEE
Rodolphe MEIDINGER
Marcela DVOŘÁKOVÁ-MEIDINGER

Shinasa

Cette méthode de français est destiné aux apprenants grands débutants et couvre 45 heures d'apprentissage. Elle comprend :

- **ce présent manuel à destination des apprenants,**
- **un CD audio pour toutes les activités sonores proposées,**
- **un guide pédagogique** (vivement recommandé, les enseignants trouveront dans ce mode d'emploi les détails précis de la démarche à suivre pour une bonne utilisation de cette méthode actionnelle et communicative. Ce guide contient également les solutions de toutes les activités proposées. Ce guide (version PDF) est **offert gratuitement** sur toute demande à l'éditeur.

Remerciements :

A Jean-Marie Tisserand qui a réalisé une partie des enregistrements audio en partenariat avec l'association des centres d'animation de quartiers de Bordeaux et plus particulièrement aux élèves du mur d'escalade d'Aïcha Habbouze, 22 cours Barbey, 33800 Bordeaux.

A Anthony Correia, Thomas Guidez et Ounhea Kim, tous trois étudiants en stage à CBNU pour leur master FLE, qui ont prêté leur voix pour les enregistrements audio.

A tous nos amis et nos familles qui nous ont aidés pour les photos et pour les enregistrements audio.

A nos étudiantes Hyojeong Ko, Suhee Kim, Minjeong Hong et Seoyeon Kim pour leur aimable participation.

Crédits photographiques :

Marcela Dvořáková-Meidinger : pour toutes les photos à l'exception de celles de :
AssocitION Rempart (www.rempart.com) : page 27
Internet photos libres de droit (www.fr.wikipedia.org) : pages 3, 77, 69, 99
Eun-Mee Rhee : pages 17, 48, 61, 87, 98, 101
Ninán Wáng : pages 17, 47, 66, 87

Arrangement de tous les enregistrements audio :
Rodolphe Meidinger

Bienvenue !

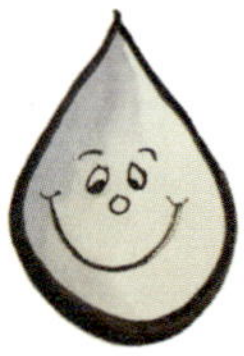

C´est une langue belle avec des mots superbes
Qui porte son histoire à travers ses accents
Où l´on sent la musique et le parfum des herbes
Le fromage de chèvre et le pain de froment
Et du Mont-Saint-Michel jusqu´à la Contrescarpe
En écoutant parler les gens de ce pays
On dirait que le vent s´est pris dans une harpe
Et qu´il en a gardé toutes les harmonies

(Chanson d'Yves Duteil « La langue de chez nous »)

L'alphabet français

A B C D E F G H I J K L M N O P Q R S T U V W X Y Z

a b c d e f g h i j k l m n o p q r s t u v w x y z

Les sons français :

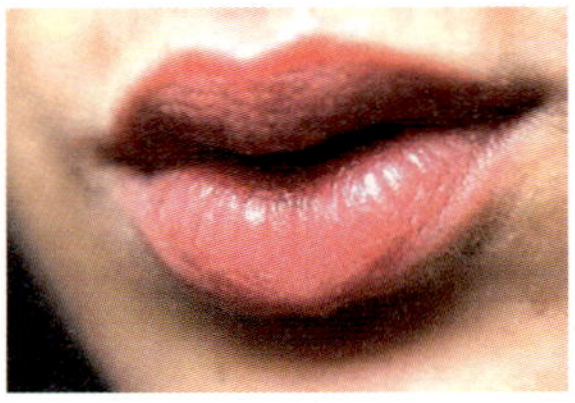

Voyelles orales :

[a] ami, patate, sympa
[ə] de, je, petit
[e] été, cinéma, parlez, des
[ɛ] elle, père, être, français, treize
[o] gros, hôtel, aussi, chapeau
[ɔ] bonne, corps, dinosaure
[ø] eux, mousseux, vœux
[œ] heure, cœur, œuf, neuf
[i] image, ami, fil, île, cycle
[u] ou, poulet, nounou, où, soûl
[y] tu, bus, rue, murmure, flûte

Voyelles orales nasales :

[ɑ̃] anglais, ambition, enfant, ensemble
[ɛ̃] intéressant, important, syntaxe, sympathique, demain, daim, plein, Reims, Julien, un, humble
[ɔ̃] onde, bon, combien, prénom

Consonnes orales :

[p] papa, apéritif, appartement
[b] bal, robe, abbé
[t] tennis, bêtise, thèse
[d] date, vendeur, addition
[k] képi, qui, carpe, courir, cube
[g] gare, gomme, bague, ghetto
[f] fille, café, pharmacie, saxophone
[v] vous, souvent, wagon
[s] sourire, muscadet, poisson, ciel, pièce, cycliste, français
[z] zèle, zone, azur, maison
[ʃ] cheval, porcherie, blanche
[ʒ] journal, génie, gilet, gymnase
[l] lycée, alors, cheval, aller
[ʀ] roi, France, sœur, occurrence, rhum
[m] maman, femme, commandant
[n] nous, renaissance, dictionnaire
[ɲ] champagne, cognac

Semi-consonnes orales :

[j] ail, fauteuil, fille, mouillé, œil, payer, miel, dieu, fiable, bien
[w] voir, moi, voyage, oui, ouate, ouest, Louis, kiwi
[ɥ] nuage, muet, lui, huître

Salut !

Je suis Kim Yu-Jin, j'ai 21 ans et je suis étudiante coréenne. Je viens de Corée du Sud. J'ai un ami français : il s'appelle Thomas et il habite à Bordeaux. On s'envoie souvent des lettres. Actuellement, je fais un stage linguistique à Paris en France. Dans mon groupe d'études, les étudiants viennent de pays divers : d'Espagne, du Mexique, d'Allemagne, de Chine et de Russie. Les cours de français sont intéressants. Notre professeur s'appelle M. Dubois. Il est français et son français est magnifique ! C'est un bon professeur. Moi aussi, un jour, je voudrais devenir professeur de français. Venez apprendre cette belle langue avec moi !

Votre fiche d'identité

Votre photo

Nom :

Prénom :

Sexe : F☐ H☐

Nationalité :

Domicile :

Etat civil :

Profession :

Table des contenus

Leçon 1

Je salue et je demande comment ça va

🎧 Je découvre

(A) Bonjour, Aziz ! Ça va ?
Oui, ça va, et toi, Julien ?
Ça va.
A demain !

et

Salut
Bonjour
Bonsoir
Au revoir
A bientôt
A demain

(B) Salut, Suzanne ! Comment tu vas ?
Je vais très bien, et vous, les filles ?
Nous aussi, nous allons très bien.
A bientôt !

(C) Bonjour, monsieur Dubois ! Comment allez-vous ?
Je vais très bien, merci. Et vous, madame Gautier ?
Moi aussi, je vais très bien.
Au revoir, madame.

Merci – De rien

Monsieur
Mademoiselle
Madame

A Paris, le 3 mars

Salut Thomas,
Merci beaucoup pour ta lettre !
Comment tu vas ? Et ton chien, il va bien ?
Moi, ça va très bien et mon perroquet aussi.

Bisous,
Yu-Jin

mon perroquet

J'apprends

Ça va ?
- Oui, ça va.

Comment ça va ?
- Ça va bien, et toi ?

Comment tu vas ?
- Je vais très bien, et toi ?
- Moi aussi, je vais très bien.

Vous allez bien, les filles ?
- Oui, nous allons très bien.

Comment allez-vous, monsieur ?
- Je vais très bien, merci, et vous, mademoiselle ?

Comment va Suzanne ?
- Elle va bien, merci.

Et ton chien et ton chat, ils vont comment ?
- Ils vont bien.

Articles définis
le chien
la tortue
les filles

tutoyer : tu, toi
vouvoyer : vous

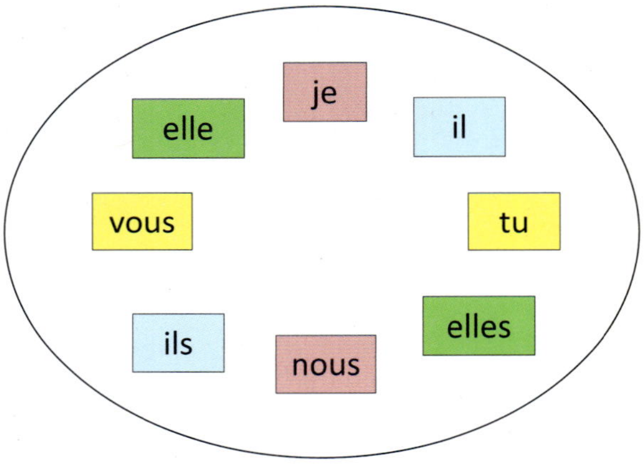

je	→	moi
tu	→	______
nous	→	nous
vous	→	______

Adjectifs possessifs

mon perroquet	**ma** tortue
ton chien	**ta** chienne

ma tortue Caroline

Cherchez dans les textes la conjugaison du verbe ALLER et complétez :

Verbe irrégulier

Aller	
je ______	nous ______
tu ______	vous ______
il ______	ils **vont**
elle ______	elles **vont**

Les lettres majuscules

A, B, C, D (majuscules) : Dubois, Jean, Europe, France, Paris et « Nous sommes français. »

les **F**rançais
mais :
Je suis **f**rançais.

La cédille : ç

ça va, français

Prononciation : [i] et [u]

Ecoutez et repérez comment les sons [i] et [u] s'écrivent

[**i**] : il, ils, île, merci, ami, aussi, bisou, Paris, Italie, Aziz, ville, continent
[**u**] : vous, nous, beaucoup, bonjour, bisou, pour, je découvre, où, goûteux

Consonnes terminales muettes

tabac, grand, renard, sang, coup, trop, cahier, foyer, vous faites, là-bas, sous, très, bout, et, vent, deux, joyeux, chez, nez, parlez

Consonnes terminales prononcées

chic, choc, Luc, sac, sud, week-end, neuf, soif, hôpital, sûr, cher, professeur, vendeur, sens, vis, sept, zut, dix

Je pratique

Vocabulaire

Activité 1 : Mots croisés

SALUT

BONJOUR

BONSOIR

A DEMAIN

A BIENTOT

AU REVOIR

Activité 2 : Soulignez les animaux de compagnie

le chien	la tortue	le lapin	le poisson
le loup	le perroquet	le cerf	le hamster
le chat	la vache	le renard	le tigre

mon poisson

Grammaire

Activité 3 : Complétez avec les mots proposés

je, moi, tu, toi, nous, vous

A Céline, ______ vas bien ?

Oui, ______ vais très bien. Et ______ ?

______ aussi.

B ______ allez bien, madame Duval ?

Oui, ______ vais bien. Et ______ , les garçons ?

______ aussi, ______ allons bien.

Ecoutez pour vérifier vos réponses

Activité 4 : Ils vont comment ?

Suzanne ________ bien. Michel et Eric ________ bien. Alice et moi ________ bien.

Je ________ très bien. François et toi, vous ________ bien ? Tu ________ bien ?

Mme Bosquet et Mlle Dufour ________ bien ? Nous, tous, ________ bien.

Ecoutez pour vérifier vos réponses

Activité 5 : Remettez les mots en ordre

A 1. / monsieur ? / - vous, / Comment / allez /

____

2. / merci. / vais / bien, / Je /

____

B 1. / bien ? / va / Salut, / ça / Lisa, /

____

2. / et / ça / toi ? / va, / Oui, /

____

Activité 6 : Associez les phrases aux images

1. Il va bien.
2. Ils vont bien.
3. Elle va très bien.

A

B

C

Communication

Activité 7 : Complétez les dialogues. Associez les dialogues aux images

A Salut, Jérôme, ça __________ ?

Oui, _______ va. Et toi, Manuel ?

Moi aussi, _______ _______ .

B Bonsoir, madame Fournier, comment __________ - __________ ?

_______ _______ bien, _______________ . Et _______ , madame Martin ?

Moi _______________ , je _______ _______ _______ .

C Salut, les gars, vous __________ bien ?

Oh oui, nous __________ _______ _______ . Et toi, Michel ?

Moi aussi, _____ ___________ _______ .

les gars = les hommes

1

2

3

Ecoutez pour vérifier vos réponses

Je mesure mes acquis

J'écoute

Yu-Jin fait son stage linguistique en France. Elle rencontre Mario, un étudiant espagnol de son groupe. Puis leur professeur arrive.

Complétez le dialogue :

Yu-Jin : Salut, Mario ! ______________________________ ?

Mario : Je vais ______________ , et toi ? Ça va ?

Yu-Jin : Oui, ça va.

(*Le professeur arrive*)

Yu-Jin : Bonjour, ______________ , comment allez-vous ?

Prof : ________________________, merci.

Et ________ , vous allez bien ?

Yu-Jin, Mario : Oui, ________________ très bien !

Prof : A bientôt !

Yu-Jin et Mario : A bientôt !

Je lis

Etre
je suis
tu es
il est / elle est

Avoir
j'ai
tu as
il a / elle a

A Bordeaux, le 9 mars

Salut Yu-Jin,

Je vais bien et mon chien Toutou aussi. Comment s'appelle ton perroquet ? Il parle français ? Ha, ha, ha, c'est une blague !
Alors, tu es à Paris maintenant ? Je suis content pour toi. Tu as des amis à Paris ? N'oublie pas, je suis ton ami !

A bientôt,
Thomas

mon chien Toutou

1. Toutou est le chien de Thomas. V / F
2. Yu-Jin a un perroquet. V / F
3. Thomas est à Paris. V / F
4. Thomas est un ami de Yu-Jin. V / F

J'écris

*Vous êtes à Tours en France pour apprendre le français. Vous écrivez à Lucie, une amie française. Elle habite à Lyon avec son chat. Dans la lettre, vous demandez comment vont Lucie et son chat. (*N'oubliez pas de signer votre lettre.)

Complétez la lettre :

A Tours, le ____________

____________ Lucie,

Merci pour ta lettre. Comment ____________ ? Et ton petit chat, il ____________ bien? Comment s' ____________ ton chat? Moi, je ________ très bien. J'apprends le français tous les jours.

Amitiés de Tours,

Ton amie ________________

Je parle

Mémorisez et jouez le dialogue

Yu-Jin fait son stage linguistique en France. Elle rencontre Mario, un étudiant espagnol de son groupe. Puis leur professeur arrive.

Yu-Jin : Salut, Mario ! Comment tu vas ?

Mario : Je vais très bien, et toi ? Ça va ?

Yu-Jin : Oui, ça va.

(*Le professeur arrive*)

Yu-Jin : Bonjour, monsieur, comment allez-vous ?

Prof : Je vais très bien. Merci. Et vous, vous allez bien ?

Mario, Yu-Jin : Oui, nous allons très bien !

Prof : A bientôt !

Mario, Yu-Jin : A bientôt !

Je veux savoir...

Comment se dire bonjour ?

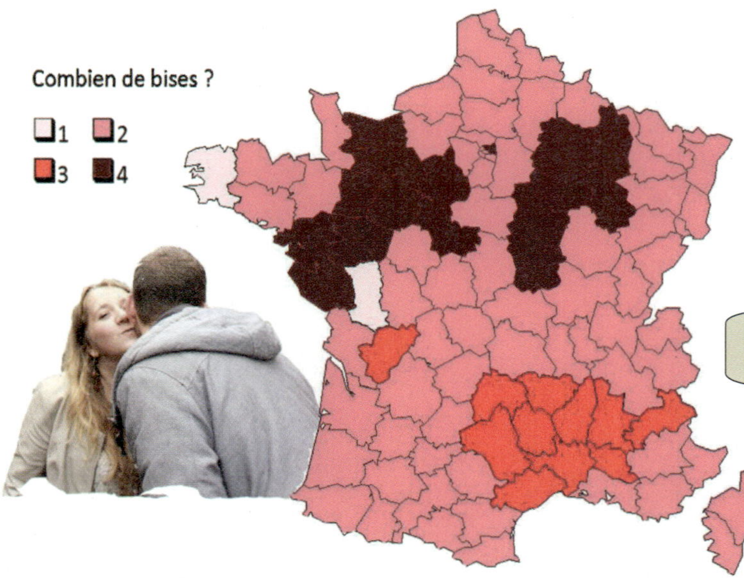

Ils se font la bise.

Ils se serrent la main.

Ils s'embrassent.

Leçon 2

Je fais connaissance

🎧 Je découvre

(A) Comment tu t'appelles ?
Je m'appelle Vincent. Et toi ?
Moi, c'est Eric.
Enchanté, Eric.

Nationalités

français / française	espagnol / espagnole
japonais / japonaise	allemand / allemande
anglais / anglaise	américain / américaine
chinois / chinoise	mexicain / mexicaine

(B) Quelle est ta nationalité, Sabina ?
Je suis allemande. Et toi, Boris ?
Moi, je suis russe.
Mais tu parles très bien français.

algérien / algérienne
italien / italienne
coréen / coréenne
russe / russe
suisse / suisse
belge / belge

(C) Salut, je suis Aude. Et toi ?
Moi, je suis Yasmine. Je suis mexicaine.
Tu parles anglais, Yasmine ?
Non, je ne parle pas anglais.

Langues

le français
le coréen
le chinois
le japonais
le russe
l'anglais
l'espagnol
l'allemand
l'italien

(D) Vous vous appelez comment, monsieur ?
Je m'appelle Rodney Johnson.
Quelle est votre nationalité ?
Je suis américain.

A Paris, le 14 mars

Cher Thomas,

Mon perroquet s'appelle Ji Hoon, c'est un prénom coréen. Oui, je suis à Paris et je vais au cours de français tous les jours. Notre professeur s'appelle Yves Dubois. Il est français, mais il parle aussi anglais. Dans notre groupe, il y a des filles et des garçons de différents pays : Agata et Mario sont espagnols, Fernando est mexicain, Erika est allemande et Alexeï est russe. Mario parle bien français. Ils sont gentils avec moi.

Je t'embrasse,
Ton amie Yu-Jin

J'apprends

Comment **tu t'**appelles ? / Comment **vous vous** appelez ?
- Je m'appelle Anne Lemercier. Anne est mon prénom, Lemercier est mon nom de famille.

Je te présente mon ami Franck. Il est américain.
Je vous présente mon amie Thelma. Elle est allemande.
Enchanté(e) / Ravi(e) de faire **votre** connaissance.

tutoyer : te
vouvoyer : vous

Quelle est **ta** nationalité ? / Quelle est **votre** nationalité ?
- Je suis italien.

Quelle est votre nationalité, les filles ?
- Nous sommes Françaises.

quelle
quelles

notre
votre

Tu es espagnol ? / Vous êtes espagnol ?
- Non, je **ne** suis **pas** espagnol, je suis mexicain.

Quelles langues **tu** parles ? / Quelles langues **vous** parlez ?
- Je parle français et anglais.

Tu parles arabe ?
- Oui, mais je **ne** parle **pas bien** arabe.
- Oui, je parle **un peu** arabe.
- Oui, je parle **très bien** arabe.

Verbes -er

Parler	S'appeler	Terminaisons :
je parl _____	je m'appell _____	je - _____
tu parl _____	tu t'appell _____	tu - _____
il / elle parl _____	il / elle s'appell**e**	il / elle - _____
nous parl**ons**	nous nous appel**ons**	nous **- ons**
vous parl _____	vous vous appel _____	vous - _____
ils / elles parl**ent**	ils / elles s'appell**ent**	ils / elles **- ent**

Verbe irrégulier

Etre

Je	_______ étudiant.	Nous	_______ coréens.
Tu	_______ portugais.	Vous	_______ français.
Il	_______ belge.	Ils	_______ russes.
Elle	_______ italienne.	Elles	_______ japonaises.

La négation : ne (n') ... pas

Je parle espagnol. – Je **ne** parle **pas** espagnol.

Nous sommes américains. – Nous **ne** sommes **pas** américains.

Elle est italienne. – Elle **n'**est **pas** italienne.

L'apostrophe :

Elle n'est pas Italienne, je m'appelle

Prononciation : [y]

Ecoutez et repérez comment le son [y] s'écrit

[y] : tu, salut, russe, Dubois, Julien, Susanne, conjugaison, majuscule, flûte, mûrir

Ecoutez et comparez les sons [u] et [y] : cocher la case correspondante au son correct

boue – bu / tout – tu / vous – vu / pou – pu / fou – fût / doux – du / nous – nu / boule – bulle / ampoule – en pull / moules – mules / roue – rue / sourd – sur /

[u]												
[y]												

Je pratique

Vocabulaire

Activité 1 : Mots croisés

On parle cette langue :

1. en Angleterre
2. en Allemagne
3. en Chine
4. en Corée
5. en Italie
6. en France
7. en Espagne
8. au Japon
9. en Russie

Grammaire

Activité 2 : Complétez avec les verbes *être, parler, s'appeler*

A. Claudia et Julia s____________ mexicaines. Elles p____________ espagnol.

B. Tu e____________ japonaise ?

Non, je s____________ coréenne.

C. Les filles, vous p____________ anglais ?

Oui, nous p____________ bien anglais.

D. Madame, vous ê____________ française ?

Non, je ne s____________ pas française.

E. Les filles là-bas, comment elles s'____________ ?

Elise et Céline.

Ecoutez pour vérifier vos réponses

Activité 3 : Remettez les mots en ordre

A 1. / américain ? / es / John, / tu /

____

2. / anglais. / je / Non, / suis /

____

B 1. / quelles / vous / parlez ? / Madame, / langues /

____

2. / français, / et / coréen / Je / chinois. / parle /

____

Communication

Activité 4 : Complétez les présentations

Je m'__________ Mamadou Diémé. Mamadou __________ mon prénom et Diémé est mon nom de famille. Je __________ sénégalais. Je __________ bien français, mais je ne __________ pas anglais.

Je __________ Patricia Maar. Patricia __________ mon prénom, Maar __________ mon nom. Je __________ suisse. Je __________ bien allemand et français, mais je ne __________ pas anglais.

Ecoutez pour vérifier vos réponses

Activité 5 : Présentez-vous

Je m'____

Activité 6 : Ecoutez et remettez le dialogue en ordre

(A l'accueil d'une *Alliance française*)

Anna Klein

A. Oui, c'est ça.

B. Merci, au revoir !

C. D'accord, vous vous appelez comment, madame ?

D. Je parle bien anglais et un peu japonais.

E. Klein est votre nom de famille ?

F. Voilà votre fiche d'inscription, signez ici, s'il vous plaît.

G. Je m'appelle Anna Klein.

H. Bonjour, je viens pour m'inscrire au cours de français.

I. Je suis allemande.

J. Vous parlez quelles langues étrangères, madame Klein ?

K. Quelle est votre nationalité ?

s'il vous plaît
d'accord

1.	2.	3.	4.	5.	6.	7.	8.	9.	10.	11.
H		G		A			J			B

Je mesure mes acquis

J'écoute

Yu-Jin est dans la salle de classe. Avant le début du cours, une étudiante arrive. Elle vient vers Yu-Jin et elle se présente. **Répondez :**

1. Kim est le nom de famille de Yu-Jin. V / F
2. Yu-Jin n'est pas française. V / F
3. Tching Li est coréenne. V / F
4. Tching Li parle un peu français. V / F
5. Yu-Jin parle chinois. V / F

Je lis

A Bordeaux, le 21 mars

Salut Yu-Jin,

Merci pour tes nouvelles. Tu apprends le français, c'est bien. Moi, je prends des cours d'anglais, mais je ne parle pas très bien. Pour moi, l'anglais est une langue difficile. L'espagnol est facile. Je connais un Espagnol ici à Bordeaux. Il s'appelle Alfonso. J'apprends l'espagnol avec lui. Je voudrais aussi apprendre le japonais, c'est une belle langue. Mais je ne connais pas de Japonais à Bordeaux.

A plus ...
Thomas

facile
difficile

Je voudrais ...

1. Yu-Jin apprend le français. V / F
2. Thomas apprend l'anglais. V / F
3. Pour Thomas, l'espagnol n'est pas difficile. V / F
4. Alfonso ne parle pas espagnol. V / F

J'écris

Vous êtes toujours à Tours. Lucie répond à votre lettre. Elle aime apprendre les langues étrangères. Elle vous écrit quelles langues elle parle, quelles langues elle apprend.
Remettez les phrases de la lettre en ordre :

A. *J'apprends l'italien à l'université.*
B. *A Lyon, le 28 mars*
C. *Mon chat s'appelle Filou.*
D. *Ton amie Lucie*
E. *Merci pour ta lettre.*
F. *Alors, tu apprends le français tous les jours ?*
G. *Chère* ________________ ,
H. *Je vais très bien et mon chat aussi.*
I. *A bientôt,*
J. *Moi aussi, j'aime les langues étrangères.*

mon chat Filou

1	2	3	4	5	6	7	8	9	10
B		E		C	F		A		

Je parle

Mémorisez et jouez le dialogue

Yu-Jin est dans la salle de classe. Avant le début du cours, une étudiante arrive. Elle vient vers Yu-Jin et elle se présente.

Tching Li : Salut ! Je suis Tching Li. Et toi, comment tu t'appelles ?
Yu-Jin : Je m'appelle Kim Yu-Jin.
Tching Li : Kimyujin, c'est ton prénom ?
Yu-Jin : Non ! Mon prénom est Yu-Jin et Kim est mon nom de famille.
Tching Li : Enchantée, Yu-Jin. Tu es française ?
Yu-Jin : Non, je ne suis pas française. Je suis coréenne.
Tching Li : Mais tu parles bien français !
Yu-Jin : Merci. Et toi, quelle est ta nationalité ?
Tching Li : Moi, je suis chinoise.
Yu-Jin : Tu parles quelles langues ?
Tching Li : Je parle chinois et un peu français.
Yu-Jin : Moi, je ne parle pas chinois.

Je veux savoir...

Que faire en France pendant les vacances ?

cla

UFC UNIVERSITÉ DE FRANCHE-COMTÉ

Ils étudient le français dans un centre de langues.

Ils participent à un chantier de jeunes bénévoles.

REMPART
Un réseau d'associations au service du patrimoine

Leçon 3

Je dis d'où je viens, où j'habite

Je découvre

(A) La fille là-bas, c'est qui ?
C'est Loan.
Elle vient d'où ?
Du Viêtnam, de Hanoï.

la fille – la jeune fille
la femme
le garçon – le jeune homme
l'homme

qui ... ?
où ?
d'où ?

(B) Tu viens d'où ? De Berlin ?
Non, je ne viens pas de Berlin. Je suis de Munich.
Moi, je viens d'Italie, j'habite à Rome.
Ah ! Tu es italien !

(C) Madame, vous connaissez Suzanne ?
Oui, bien sûr ! Elle est américaine.
Elle habite où ? A New York ?
Non, elle habite à Paris.

Habiter à ... / venir de ...
à / de Paris
à / de Marseille
à / de Séoul
à / de New-York
à / de Pékin
à / de Tokyo
à / de Londres
à / de Madrid
à / de Berlin
à / de Rome
à / de Phnom Penh

Habiter ... / venir ...
en / de France
en / de Chine
en / de Corée
en / d'Espagne
en / d'Angleterre
en / d'Allemagne
en / d'Italie

Habiter ... / venir ...
au / du Japon
au / du Cambodge
au / du Mexique
aux / des Etats-Unis
aux / des Philippines

le pays
la ville
la capitale

A Paris, le 26 mars

Salut Thomas,

J'étudie le français. Mon professeur s'appelle M. Dubois. Mais je parle français aussi le soir, au café, avec mes amis étrangers : Erika, Agata, Mario, Fernando et Alexeï. Erika vient de Munich, c'est une ville en Allemagne. Agata et Mario viennent d'Espagne, Mario habite à Madrid et Agata à Barcelone. Fernando vient du Mexique mais je ne sais pas où il habite. Alexeï vient de Russie, mais maintenant il habite en France. Voilà, tu connais tous mes nouveaux amis !

A bientôt,
Yu-Jin

mais

J'apprends

C'est qui ? / Qui est le garçon là-bas ?
- C'est Mario.

Tu connais Vincent ?
- Non, je ne connais pas Vincent.

Vous connaissez Angela ?
- Oui, bien sûr.

Tu viens **d'où** ? / Vous venez **d'où** ?
- Je viens **de** Corée.

Tu habites **où** ? / Vous habitez **où** ?
- J'habite à Séoul, en Corée.

Articles définis : le, la, l', les
le garçon / l'homme
la fille
les filles / les garçons
le Japon / l'Angleterre
la France
les Etats-Unis

Les articles contractés	
à + le → au	de + le → du
à + les → aux	de + les → des

Il habite **où ?**
- Il habite **à** / **au** / **aux** / **en** ...

Il vient **d'où ?**
- Il vient **de / d' / du / des**...

Verbe -er

Habiter

j'habit ___	nous habit**ons**
tu habit ___	vous habit ___
il / elle habit ___	ils / elles habit**ent**

Verbe irrégulier

Venir

je ________	nous ven**ons**
tu ________	vous ________
il / elle ________	ils / elles vien**nent**

Habiter à / en

La France → Il habite ___ France

L'Angleterre → Il habite ___ Angleterre.

Le Japon

→ Elle habite ___ Japon (à + le = ___)

Les Etats-Unis

→ J'habite ___ Etats-Unis (à + les = ___)

Paris → Nous habitons ___ Paris.

Venir de

La France → Il vient ___ France.

L'Angleterre → Il vient ___ Angleterre.

Le Japon → Elle vient ___ Japon. (de + le = ___)

Les Etats-Unis

→ Je viens ___ Etats-Unis. (de + les = ___)

Paris → Nous venons ___ Paris.

Verbe irrégulier

Connaître

Je __________ Suzanne.	Nous __________ la fille là-bas.
Tu __________ Céline ?	Vous __________ mon perroquet ?
Il / Elle **connaît** le Mexique.	Ils / Elles **connaissent** Paris.

Adjectifs possessifs

Mon ami vient de Paris.	**Mes** amis habitent en Corée.
Ton perroquet parle français ?	**Tes** chats vont bien ?

Ponctuation

Le point [.] marque la fin de la phrase (*Je viens de France.*) On baisse la voix.↘
La phrase peut finir par un point d'interrogation [?] ou un point d'exclamation [!].
La virgule [,] marque une pause.

🎧 Prononciation : [e], [ɛ], [o] et [ɔ]

Ecoutez et repérez comment les sons [e] et [ɛ] s'écrivent

[e] : Corée, Séoul, j'étudie, café, étranger, enchanté, téléphone, été, et, les, des, habiter

[ɛ] : elle, elles, Espagne, Berlin, règle, père, étrangère, Viêtnam, connaître, mais, Seine

Ecoutez et repérez comment les sons [o] et [ɔ] s'écrivent

[o] : dos, trop, chose, au, aujourd'hui, faute, saucisson, eau, beau, chapeau, tableau

[ɔ] : bonne, politique, robe, romantique, formidable, sommeil, taureau, automne, Paul

Je pratique

Vocabulaire

Activité 1 : Mots croisés

1. Pays dans les Alpes
2. On y mange de la pizza
3. Pas loin de la Corée
4. Au sud des Etats-Unis
5. Sa capitale est Moscou
6. Pays de la mode
7. → En Afrique du Nord
   ↓ Sa capitale est Berlin
8. Grand pays asiatique
9. Pays au centre de l'Europe
10. Entre la Chine et le Japon
11. Sa capitale est Londres
12. Pays au sud-ouest de la France

Grammaire

Activité 2 : Remettez les mots du dialogue en ordre

1. / là-bas ? / connais / Nathalie, / garçon / tu / le /

____

2. / David. / il / s'appelle / Oui, /

____

3. / d' / vient / Il / où ? /

____

4. / d' / vient / Angleterre. / Il /

____

Activité 3 : Complétez avec *à, au, aux, de, du, des, en*

1. Katia vient ________ Russie, ________ Moscou. Maintenant, elle habite ________ Berlin, ________ Allemagne.
2. John est américain, mais il habite ________ Pusan, ________ Corée.
3. Eduardo vient ________ Barcelone, mais maintenant, il habite ________ Bordeaux.
4. Akio vient ________ Japon, il habite ________ Kyoto.
5. Charles et Freddy viennent ________ Etats-Unis, ils habitent ________ Huston, ________ Texas.

le Texas

Ecoutez pour vérifier vos réponses

Activité 4 : Complétez avec les verbes proposés

parler, connaître, être, venir, habiter

Je ________ Cécile depuis le lycée. Elle ________ française comme moi. Nous ________ dans le même arrondissement de Paris. Moi, je ________ de Paris, mais Cécile ________ de Bordeaux. Ses parents ________ toujours à Bordeaux. Cécile et moi, nous ________ bien anglais. Nous avons un bon professeur.

Ecoutez pour vérifier vos réponses

Communication

Activité 5 : Associez les questions aux réponses

1. Qui est l'homme là-bas ?
2. D'où vient Michael ?
3. Tu connais monsieur Lambert ?
4. Où habitent Sophie et Agnès ?
5. Vous êtes anglais ?
6. Comment tu t'appelles ?
7. Elle habite à Pékin ?
8. Quelle est ta nationalité ?
9. Ils parlent arabe ?

a. Je m'appelle Kim Ji-Su.
b. Non, ils parlent anglais et espagnol.
c. Non, je suis russe.
d. C'est monsieur Lambert.
e. Il vient des Etats-Unis.
f. Oui, c'est mon voisin.
g. Je suis allemand.
h. Non, elle habite à Séoul.
i. Elles habitent à Lyon, en France.

1.	2.	3.	4.	5.	6.	7.	8.	9.
d		f						

Ecoutez pour vérifier vos réponses

Activité 6 : Posez des questions

- ______________________________ ?
- Je m'appelle Katia.
- Enchanté, Katia. ____________________ ?
- Je viens de Russie.
- Et ____________________ à Moscou ?
- Non, j'habite à Berlin, en Allemagne, et toi, John, ____________________ ?
- Oui, je suis américain.
- ______________________________ , John ?
- Non, je parle seulement anglais et francais.

Ecoutez pour vérifier vos réponses

Je mesure mes acquis

J'écoute

A midi, Yu-Jin déjeune dans le restaurant universitaire avec Mario.
Répondez :

1. Tching Li est un garçon. V / F
2. Mario ne connaît pas Tching Li. V / F
3. Tching Li vient de Chine. V / F
4. Yu-Jin connaît Tching Li et Ahmed. V / F
5. Ahmed est égyptien. V / F

l'Egypte
égyptien / égyptienne

Je lis

A Bordeaux, le 31 mars

Salut Yu-Jin,

Tous ces étrangers donnent envie de voyager, non ? Moi aussi, je voudrais découvrir le monde. Je voudrais aller en Angleterre pour mon anglais. Je voudrais voyager au Japon pour apprendre le japonais. Je vais bientôt chez Alfonso à Madrid, en Espagne. Et, bien sûr, Yu-Jin, je voudrais découvrir ton pays, la Corée !

A bientôt,
Thomas

1. Thomas n'aime pas voyager. V / F
2. Thomas ne voudrait pas étudier le japonais. V / F
3. Alfonso habite à Madrid. V / F
4. Thomas voudrait aller en Corée. V / F

J'écris

Dans votre classe de français et dans les cafés de Tours, vous rencontrez des gens de divers pays. Vous écrivez à Lucie pour lui présenter vos nouveaux amis : Sonia (Russie, Moscou), Francesca (Italie, Venise), Elisabeth (Etats-Unis, Washington), Alvin (Angleterre, Londres), Yasuko (Japon, Tokyo).

Complétez votre lettre à Lucie :

> *A Tours, le 31 mars*
>
> *Chère Lucie,*
>
> *J'étudie le français avec Mme Martin, ma professeure. Mais je parle français surtout le soir, au café, avec mes amis étrangers :*
>
> ______________________________
>
> ______________________________
>
> ______________________________
>
> ______________________________
>
> ______________________________
>
> *Voilà maintenant, tu connais tous mes nouveaux amis !*
>
> *Bisous,*
> *Ton amie* __________

Je parle

Mémorisez et jouez le dialogue

A midi, Yu-Jin prend le déjeuner dans le restaurant universitaire avec Mario.

Mario : Yu-Jin, la fille là-bas, c'est qui ?
Yu-Jin : C'est Tching Li. Tu ne connais pas Tching Li ?
Mario : Non. Elle vient d'où ?
Yu-Jin : De Pékin.
Mario : Ah ! Elle est chinoise !
Yu-Jin : Oui. Mais maintenant, elle habite en France.
Mario : Tu connais le garçon à côté de Tching Li ?
Yu-Jin : Oui bien sûr, c'est Ahmed.
Mario : Il est d'où ?
Yu-Jin : Il vient d'Alger. Il est algérien.

Je veux savoir…

Qui vit en France ?

Les Lopez sont portugais, ils habitent à Besançon.

Jacek est polonais, il fait ses études à Tours.

Madame Martin est française. Elle habite à Bordeaux.

Patrick et Myriam viennent de Martinique.

Sonia est tchèque. Elle fait ses études à Bordeaux.

Les parents de Bani viennent de Côte d'Ivoire.

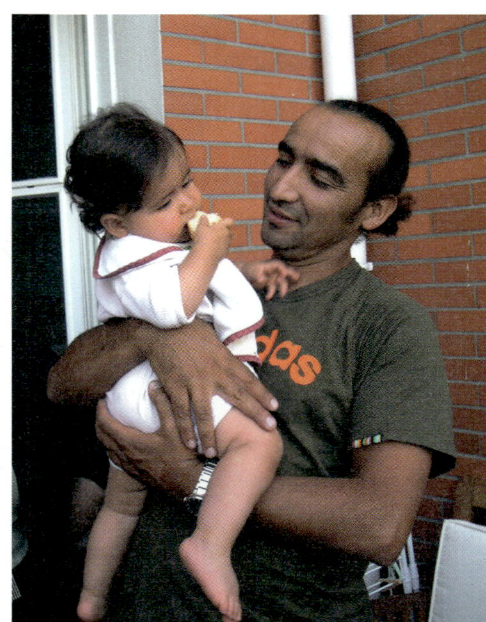

Karim est français mais ses parents sont algériens. Sa femme Mia est d'origine grecque. Bien sûr, leur fille est française.

Dalma est d'origine espagnole.

Maeva vient de l'Ile de la Réunion.

Leçon 4

Je dis mon âge et ma profession

🎧 Je découvre

(A) Tu as quel âge ?
J'ai 20 ans. Et toi ?
Moi, j'ai 21 ans.
Tu es étudiante ?
Oui, je suis étudiante.

l'étudiant / l'étudiante
le lycéen / la lycéenne
le collégien / la collégienne

un an	huit ans
deux ans	neuf ans
trois ans	dix ans
quatre ans	vingt ans
cinq ans	vingt et un ans
six ans	vingt-deux ans
sept ans	vingt-neuf ans

(B) Le jeune homme là-bas, il a quel âge ?
Il a 29 ans, il est médecin.
Il travaille où ?
Dans un hôpital à Bordeaux.

Le caducée

(C) Quelle est votre profession, monsieur ?
Je suis journaliste.
Et vous, madame, qu'est-ce que vous faites dans la vie ?
Je suis architecte.

(D) Mademoiselle, vous êtes serveuse ?
Non, je ne suis pas serveuse, je suis étudiante.
Vous étudiez où ?
Je fais mes études à Lyon.

l'employé
l'avocat
l'infirmier
le boulanger
le musicien
le vendeur
le coiffeur
l'homme d'affaires
la femme au foyer
l'hôtesse de l'air

A Paris, le 5 avril

Cher Thomas,

Tu voudrais connaître davantage mes nouveaux amis ? Erika est architecte, elle travaille à Paris et elle a 25 ans. Agata a 22 ans et elle étudie à Barcelone. Mario fait ses études à Madrid, il a 23 ans. Le plus âgé de toute la classe, c'est Fernando. Il a 35 ans et il est journaliste. Alexeï est professeur de russe dans un lycée. Il a 30 ans. Et moi, avec mes 21 ans, je suis la plus jeune.
Tu voudrais venir en Corée ? Viens en automne, c'est la meilleure saison.

A plus ...
Yu-Jin

J'apprends

Tu as quel âge ? / Vous avez quel âge ?

- J'ai vingt-cinq ans.

Quelle est ta / votre profession ?

- Je suis médecin.

Qu'est-ce qu'il fait dans la vie ?

- Il est étudiant.

Qu'est-ce que vous faites dans la vie ?

- Je suis femme au foyer.

Tu travailles où ? / Vous travaillez où ?

- Je travaille dans un hôpital.

être + profession
Il est X mécanicien.
Elle est X vendeuse.

avoir + âge
Il a 20 ans.
Elle a 30 ans.

Qu'est-ce que ... ?

Articles indéfinis
un perroquet
une lettre
des amis

faire
tu fais
il / elle fait
vous faites

Les nombres de 1 à 29 :

______ un / une, ______ deux, ______ trois, ______ quatre, ______ cinq, ______ six,

______ sept, ______ huit, ______ neuf, ______ dix, ______ onze, ______ douze,

______ treize, ______ quatorze, ______ quinze, ______ seize, ______ dix-sept,

______ dix-huit, ______ dix-neuf, ______ vingt, ______ vingt et un, ______ vingt-deux,

______ vingt-trois, ______ vingt-quatre, ______ vingt-cinq, ______ vingt-six,

______ vingt-sept, ______ vingt-huit, ______ vingt-neuf.

Ecoutez les nombres et répétez

Verbe irrégulier

Avoir

J' ______ une lettre pour toi.	Nous **avons** un perroquet.
Tu ______ vingt-sept ans ?	Vous ______ des amis étrangers ?
Il / Elle **a** un chat.	Ils / Elles **ont** un grand chien.

Les questions :

La forme familière (intonation montante)

Tu es espagnol ?

Tu viens d'où ?

Tu habites où ?

Tu fais quoi dans la vie ?

La forme standard (est-ce que)

Est-ce que tu es espagnol ?

D'où est-ce que tu viens ?

Où est-ce que tu habites ?

Qu'est-ce que tu fais dans la vie ?

Superlatif :

Fernando est **le plus** âgé **de** toute la classe.

Je suis **la plus** jeune.

La tortue est **la moins** rapide.

C'est la bonne saison → C'est **la meilleure** saison.

Prononciation : [œ] et [ø]

Ecoutez et repérez comment les sons [œ] et [ø] s'écrivent

[œ] : heure, beurre, neuf, professeur, vendeur, sœur, cœur, œil, œillet

[ø] : peu, feu, bleu, jeu, eux, deux, ceux, coûteux, cheveux, vendeuse, vœux

Attention : un œuf / des œufs, un bœuf / des bœufs

Les liaisons

Ecoutez les liaisons et répétez

[**n**] : un an, une étudiante, un architecte, un employé, un homme d'affaires, une infirmière, un ami, en automne, en Angleterre

[**t**] : sept ans, huit ans, vingt ans, c'est une bonne période, un grand hôtel

[**z**] : deux ans, six ans, dix ans, les amis, trois ans, plus âgé, mes études, dans un hôpital, nous avons, vous avez, ils ont, vous êtes, vous étudiez

[**v**] : neuf ans, dix-neuf heures

Je pratique

Vocabulaire

Activité 1 : Mettez en relation les professions et les lieux de travail

1. le médecin		a. un magasin
2. la coiffeuse		b. un cabinet d'architecte
3. le mécanicien		c. une entreprise
4. le professeur		d. un salon de coiffure
5. l'architecte	travaille dans	e. un cabinet médical
6. la vendeuse		f. un garage
7. l'homme d'affaires		g. un restaurant
8. le boulanger		h. une boulangerie
9. la serveuse		i. un lycée ou une université
10. le journaliste		j. une rédaction d'un journal

1.	2.	3.	4.	5.	6.	7.	8.	9.	10.
e									

Communication

Activité 2 : Formulez des questions

a. ______________________, madame ? - J'habite à Paris.

b. ______________________, Vincent ? - J'ai 30 ans.

c. ______________________, Vincent ? - Je viens de Belgique.

d. ______________________, mademoiselle ? - Je suis coiffeuse.

e. ______________________, monsieur ? - A l'université.

Ecoutez pour vérifier vos réponses

Activité 3 : Remettez le dialogue en ordre

A. Et Addison, qu'est-ce qu'elle fait dans la vie ?

B. Qui sont les deux personnes sur la photo ?

C. Quelle est sa profession ?

D. Non, ils habitent maintenant à New York. Brook a un bon travail là-bas.

E. J'ai une photo de mon séjour aux Etats-Unis, regarde !

F. Il est homme d'affaires, il travaille pour une grosse entreprise.

G. Ce sont mes amis, Brook et Addison. Ils viennent de Californie.

H. Ils habitent où, à Los Angeles ?

I. Elle est étudiante en médecine. Elle a 24 ans.

1.	2.	3.	4.	5.	6.	7.	8.	9.
E		G		D		F		I

Ecoutez pour vérifier vos réponses

Compréhension de l'oral

Activité 4 : Ecoutez et remplissez la fiche

Au bureau de recrutement

Nom :	Prénom :
Nationalité :	Age :
Domicile :	N° de téléphone :
Profession :	Courriel :
Langues parlées :	

Grammaire

Activité 5 : Complétez avec les verbes

être, parler, avoir, faire, travailler, venir, s'appeler

Je te présente Luc

L'homme sur la photo ____________ Luc. Luc et moi, nous ____________ collègues de travail et amis. Il ____________ 28 ans et il ____________ de Paris comme moi. Nous ____________ dans le même lycée. Luc ____________ bien anglais, mais moi, je ____________ seulement français. Et vous, vous ____________ un ami ? Qu'est-ce qu'il ____________ dans la vie ? Vous ____________ de la même ville ?

Ecoutez pour vérifier vos réponses

mon ami Luc

Compréhension des écrits

Activité 6 : Relisez le texte de l'activité 5 et répondez

Comment s'appelle l'homme sur la photo ?

____

Quelle est sa profession ?

____

Il vient d'où ?

____

Il travaille où ?

____

Il parle quelles langues ?

____

Je mesure mes acquis

J'écoute

Dans un café, Mario montre une photo à Yu-Jin.

Cochez la bonne réponse :

a. Léa et Julien sont :	b. Ils viennent :	c. Ils ont :
□ lycéens □ des amis de Mario □ des amis de Yu-Jin	□ de Lyon □ de Bordeaux □ de Paris	□ 20 et 21 ans □ 21 et 22 ans □ 22 et 23 ans

Léa et Julien

Je lis

A Bordeaux, le 11 avril

Salut Yu-Jin,

Alors toi, tu es la benjamine du groupe ! Fernando, le journaliste, travaille pour quel journal ? Est-ce qu'il habite en France ? Moi aussi, j'ai un ami journaliste, il s'appelle François, il est français et il travaille ici à Bordeaux pour Sud-Ouest, le journal local. Et tu sais quoi ? Il a le même âge que Fernando ! On pourrait mettre en relation les deux journalistes, n'est-ce pas ?

Amicalement,
Thomas

P.S. Oui, l'automne est une bonne période pour voyager. Tu retournes quand en Corée ?

1. Yu-Jin est la benjamine du groupe. Que signifie le mot *benjamine* ?

____

2. Thomas connaît aussi un journaliste. Qui est-ce ? Il travaille où ?

____

3. *Sud-Ouest*, qu'est-ce que c'est ?

____

4. Que propose Thomas à Yu-Jin ?

____

5. Quand Thomas voudrait visiter la Corée ?

____

J'écris

Vous recevez une photo de Lucie avec ses meilleurs amis. Elle présente ses amies dans sa lettre. (David, 25 ans, médecin, hôpital ; Alice, 21 ans, serveuse, café ; Céline, 22 ans, cuisinière, restaurant universitaire ; Pierre, 26 ans, policier ; Marie, 22 ans, vendeuse, magasin) **Complétez la lettre de Lucie** :

A Lyon, le ______________

____

Voilà une photo de mes meilleurs amis. David a 25 ans. Il est médecin. Il travaille dans un ______________. Alice ______________

____

____

____

____

______________________________.

Je t'embrasse très fort,
Ton amie Lucie

Je parle

Mémorisez et jouez le dialogue

Dans un café, Mario montre une photo à Yu-Jin.

Mario : Yu-Jin, regarde cette photo !
Yu-Jin : Qui est-ce ?
Mario : C'est Léa et Julien, mes amis du lycée.
Yu-Jin : Ils ont quel âge ?
Mario : Léa a 20 ans et Julien a 21 ans.
Yu-Jin : Et ils viennent d'où ?
Mario : De Bordeaux.
Yu-Jin : Et qu'est-ce qu'ils font ?
Mario : Ils sont étudiants.

Léa et Julien

Je veux savoir...

Comment on étudie en France ?

faculté des lettres

amphi-théâtre (amphi)

cité universitaire

campus

Leçon 5

Je parle de ma famille

Je m'appelle Marie. Notre famille vient de Bordeaux. Sur la photo, il y a mon père, mes trois cousins, mes trois oncles et une de mes tantes. Il y a aussi mes grands-parents.

Je m'appelle Franco, j'ai 32 ans et je viens des Philippines. Ma famille habite sur l'Ile d'Apo. Sur la photo, il y a ma femme et nos quatre enfants.

Je suis Jacqueline et j'ai un petit-fils. Il s'appelle Virgile.

Je découvre

les grands-parents
le grand-père / la grand-mère
les parents
le père / la mère
l'enfant
le fils / la fille
le frère / la sœur
l'oncle / la tante
le cousin / la cousine

(A) Tu as des frères et des sœurs ?
Oui, j'ai une grande sœur.
Elle a quel âge ?
Elle a 17 ans, elle est lycéenne.

(B) Tu connais la famille Kim ?
Oui, ils viennent de Corée du Sud.
Ils ont des enfants ?
Oui, ils ont un fils et deux filles.

(C) Ton père, qu'est-ce qu'il fait dans la vie ?
Il est professeur.
Et ta mère ? Elle travaille ?
Non, elle ne travaille pas, elle est femme au foyer.

(D) Ils ont quel âge, tes grands-parents ?
Mon grand-père a 72 ans et ma grand-mère a 67 ans.
Ils travaillent encore ?
Non, ils ne travaillent plus.

67 soixante-sept
72 soixante-douze

A Paris, le 19 avril

Cher Thomas,

C'est une bonne idée de mettre en contact les deux journalistes. Est-ce que ton ami François parle bien espagnol? Fernando apprend le français, mais il ne parle pas très bien. Moi, ça fait presque deux mois que je suis en France, loin de mon pays. Parfois, je voudrais être avec mes parents et ma grand-mère, voir ma tante et mon oncle, bavarder avec mes cousins et mes cousines. Mais surtout, je voudrais voir ma petite sœur. Elle s'appelle Sae-Jin, elle a 17 ans. Elle est lycéenne. Et toi, Thomas, tu as des frères et des sœurs?

A bientôt,
Yu-Jin

J'apprends

Tu as des frères et des sœurs ?

- Oui, j'ai un **grand** frère et une **petite** sœur.

Quel âge a ton frère ? - Il **a** 32 ans

Quelle est la profession de ton père ?

- Il est architecte.

Et ta mère, qu'est-ce qu'elle fait dans la vie ?

- Elle est cuisinière.

Où habitent tes grands-parents ?

- Ils habitent à Bordeaux.

Où habitent vos parents, monsieur ?

- Ils habitent à Besançon.

Tu habites **encore** à Paris ?

- Non, je **n**'habite **plus** à Paris.

Noms au pluriel
un frère → des frère**s**
une sœur → des sœur**s**
un enfant → des enfant**s**

Les adjectifs possessifs

C'est **ton** père, Mario ? - Oui, c'est ______ père.

C'est ______ mère, Mario ? - Oui, c'est **ma** mère.

C'est ______ père, Agata ? - Oui, c'est ______ père.

C'est ______ mère, Agata ? - Oui, c'est ______ mère.

Ce sont **tes** sœurs, Mario ? - Oui, ce sont ______ sœurs.

Ce sont ______ frères, Agata ? - Oui, ce sont ______ frères.

Ce sont les parents de Marie ? - Oui, ce sont ______ parents.

mon	ton	son
ma	ta	sa
mes	tes	ses

Monsieur Duval, comment s'appelle **votre** frère ? - **Mon** frère s'appelle Bruno.

Les filles, où est **votre** frère ? - **Notre** frère est à Londres.

Ce sont **vos** enfants, madame ? - Oui, ce sont **mes** enfants.

Les filles, ce sont **vos** parents ? - Oui, ce sont **nos** parents.

Découvrez les nombres de 30 à 100 et complétez

30 **trente**, 31 trente **et** un, 32 trente-deux, 33 trente-trois, 35 ____________

40 **quarante**, ____ quarante **et** un, 42 ____________, 48 quarante-huit

50 **cinquante**, 51 ____________, 54 cinquante-quatre, 55 ____________,

60 **soixante**, 61 soixante **et** un, 63 soixante-trois, 67 ____________

70 **soixante-dix** **(60 + 10)**

71 soixante **et** onze, ____ soixante-douze, 73 soixante-treize, 74 ____________,

____ soixante-seize, 77 ____________, 78 soixante-dix-huit,

80 **quatre-vingts** **(4 x 20)**

81 quatre-vingt-un, 82 quatre-vingt-deux, ____ quatre-vingt-trois,

87 ____________, 88 quatre-vingt-huit, ____ quatre-vingt-neuf,

90 **quatre-vingt-dix** **(4 x 20 + 10)**

91 quatre-vingt-onze, 94 quatre-vingt-quatorze, 96 ____________

97 quatre-vingt-dix-sept, ____ quatre-vingt-dix-huit, 99 ____________

100 **cent.**

Ecoutez pour vérifier vos réponses

Prononciation : [ɑ̃], [ɛ̃] et [ɔ̃]

Ecoutez et repérez comment les sons [ɑ̃], [ɛ̃] et [ɔ̃] s'écrivent

[ɑ̃] : an, langue, jambon, lampe, encore, ensemble, tendance, temps, emporter

Attention : bien, Julien, mien, tien, tiens

[ɛ̃] : vin, intéressant, imbécile, simple, syndicat, symbole, main, faim, plein, Reims,

un, brun, lundi, parfum, humble

[ɔ̃] : bon, donc, non, ombre, tomber, pompe, tromper

Je pratique

Vocabulaire

Activité 1 : Complétez

1. Les parents de mon père, ce sont mes ________________.
2. Le frère de mon père, c'est mon ________________ .
3. Le fils de mon oncle, c'est mon ________________ .
4. Mon père et ma mère, ce sont mes ________________ .
5. La femme de mon père, c'est ma ________________ .
6. Le père de ma mère, c'est mon ________________ .
7. La sœur de ma mère, c'est ma________________ .

la femme le mari

Activité 2 :

a. Associez le nombre avec sa transcription

quarante-deux	80
cinquante-six	72
treize	31
vingt-neuf	15
soixante-huit	42
quatre-vingts	96
trente et un	13
soixante-douze	29
quatre-vingt-seize	56
quinze	68

b. Ecoutez et complétez les numéros de téléphone

01 45 _____ 82 99

03 66 20 _____ 73

06 _____ 44 22 94

05 71 _____ 06 19

04 89 75 39 _____

01 _____ 47 39 72

04 63 89 77 _____

06 12 50 _____ 94

Communication

Activité 3 : Voici l'arbre généalogique de la famille de Sylvie

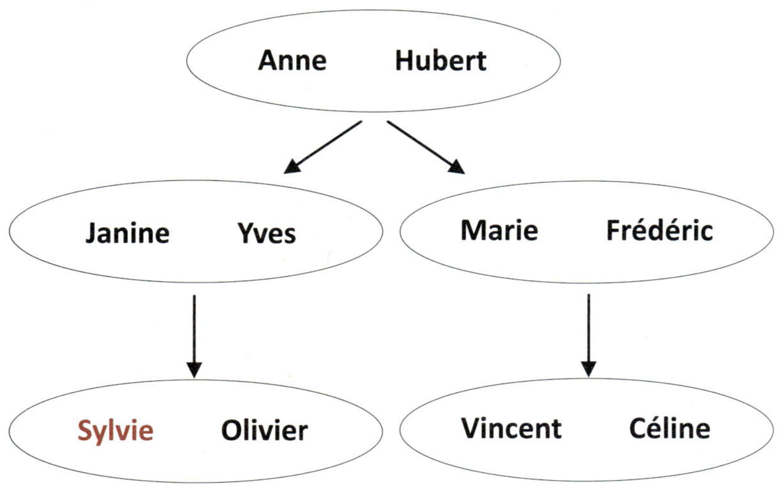

Sylvie présente sa famille. Complétez :

cousin, grand-père, oncle, mère, grands-parents, frère, tante, père, cousine, grand-mère

Je m'appelle Sylvie et j'ai 22 ans. Mes ______________ s'appellent Hubert et Anne. Mon ______________ **Hubert** a 75 ans et ma ______________ **Anne** a 70 ans. Ils habitent à Marseille. Mon ______________ s'appelle **Yves**, il a 50 ans et il est employé de banque. Le prénom de ma ______________ est **Janine**. Elle a 48 ans et elle est professeur d'anglais. J'ai un grand __________ , son prénom est **Olivier** et il a 28 ans. Ma __________ **Marie** est la sœur de mon père. Elle travaille comme vendeuse dans un grand magasin. Son mari **Frédéric** est mon __________. Il est homme d'affaires. Ils habitent à Bordeaux, comme nous, et ils ont deux enfants : **Vincent**, mon __________ , et **Céline**, ma ______________. Ils sont jumeaux, ils sont nés le même jour, le 23 mars.

🎧 **Ecoutez pour vérifier vos réponses**

Compréhension des écrits

Activité 4 : Lisez le texte de l'activité 3 et répondez aux questions

1. Comment s'appelle la grand-mère de Sylvie ? Elle a quel âge ? Elle habite où ?

____

2. Qui sont Marie et Frédéric ? Ils ont combien d'enfants ? Ils habitent où ?

____

3. Où travaille Marie ? Quelle est la profession de Frédéric ?

____

4. Quel âge ont les parents de Sylvie ? Qu'est-ce qu'ils font dans la vie ?

____

Grammaire

Activité 5 : Complétez avec *mon, ma, mes, ton, ta, tes, son, sa, ses*

a. Vincent, je te présente _______ tante Irène. Voici Vincent, _______ meilleur ami.
Enchantée, Vincent !
Enchanté, Madame !

b. Éric, elle est où, _______ sœur ?
Elle est aux Etats-Unis avec _______ amies.

c. Où habitent _______ grands-parents, Marie ?
_______ grands-parents habitent à Bordeaux.
Et _______ frère ?
Il habite à Paris.

d. Tu connais l'oncle de David ?
Oui, je connais bien _______ oncle. Il s'appelle Bruno et _______ femme s'appelle Anne.

Ecoutez pour vérifier vos réponses

Je mesure mes acquis

J'écoute :

En sortant du café Yu-Jin questionne Mario sur sa famille.

Cochez la bonne réponse :

1. Mario a ☐ deux sœurs ☐ un frère et une sœur ☐ deux frères.
2. Simon est ☐ la petite sœur de Mario ☐ son petit frère ☐ son grand frère.
3. Lorenzo a ☐ 25 ans ☐ 28 ans ☐ 29 ans.
4. Lorenzo travaille à Madrid
   ☐ dans un hôpital ☐ dans un lycée ☐ dans une banque.
5. Le père de Mario a ☐ 49 ans ☐ 52 ans ☐ 56 ans.

Je lis :

A Bordeaux, le 25 avril

Salut Yu-Jin,

Je ne comprends pas. Moi, quand je voyage, j'oublie mes parents et mon grand frère. Il s'appelle Julien, il a 26 ans. Il est infirmier, il travaille dans un hôpital ici à Bordeaux. Moi, je voudrais devenir serveur ou mécanicien. Au restaurant, les plats sentent bon et au garage, ça sent l'essence. Mais mes parents ne comprennent pas ça, ils pensent que les études sont plus importantes.

Amicalement,
Thomas

1. Qui est Julien ? ______________________________
2. Il a quel âge ? ______________________________
3. Il travaille où ? ______________________________
4. Quelle est la profession de Julien ? ______________________________
5. Qu'est-ce que Thomas voudrait faire comme profession ?

   ____
6. Que pensent ses parents ?

   ____

J'écris

Dans votre lettre, vous invitez Lucie à venir en vacances chez vous dans votre pays. Vous décrivez votre famille.

Complétez la lettre.

A Tours, le ________

Chère Lucie,

Merci pour la photo, tes amis sont intéressants, je voudrais bien faire leur connaissance.
Je t'invite à passer tes vacances chez moi, ________________ .
Mes parents sont sympas. Mon père a ________ ans et il est ________________. Il travaille ________________. Ma mère est ________________ et elle a _____ ans. J'ai une ______ sœur et un ______ frère. Ma sœur ________________________________ .
Mon frère ____ .
Sinon, tu peux venir me voir à Tours.

Bisous,
Ton amie ______________

Je parle

Mémorisez et jouez le dialogue

En sortant du café Yu-Jin questionne Mario sur sa famille.

Yu-Jin : Mario, tu as des frères et des sœurs ?
Mario : Oui, j'ai deux frères.
Yu-Jin : Ils ont quel âge ?
Mario : Mon petit frère Simon a 17 ans et mon grand frère Lorenzo a 28 ans.
Yu-Jin : Qu'est-ce qu'ils font dans la vie ?
Mario : Simon est lycéen et Lorenzo est employé.
Yu-Jin : Ton frère Lorenzo, il travaille où ?
Mario : Dans une banque à Madrid.
Yu-Jin : Et tes parents, ils ont quel âge ?
Mario : Mon père a 52 ans et ma mère a 49 ans.

Je veux savoir...

Quelles sont les fêtes en France ?

Leçon 6

Je décris une personne

Je m'appelle Elodie et j'ai 21 ans. Je suis petite et mince, aux yeux marron. Mes cheveux sont courts et frisés.

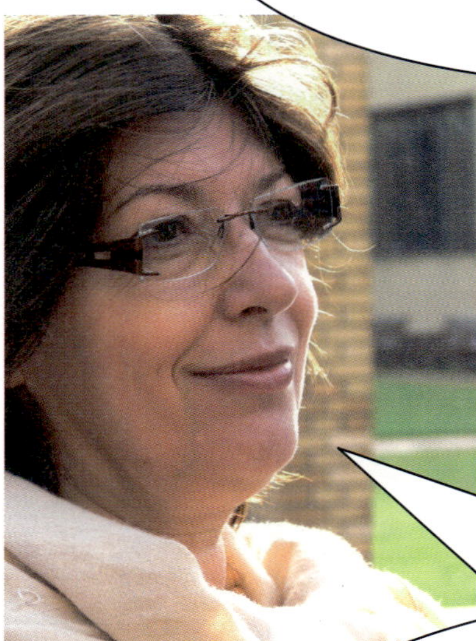

J'ai deux enfants. Ma fille Elodie est charmante, souriante et bavarde. Elle est étudiante à Paris. Mon fils Gabriel a 14 ans, il est intelligent et studieux.

Je m'appelle Gabriel et j'ai 14 ans. Je suis blond. Ma mère a 46 ans. Elle est belle. Elle porte des lunettes. Mon père a 50 ans, il a les yeux bleus.

🎧 Je découvre

(A) Elle est comment, ta copine ?
Elle a les cheveux châtain.
Ses yeux sont comment ?
Magnifiques ! Bleus comme le ciel.

grand / grande
petit / petite
gros / grosse
mince / mince
mignon / mignonne
laid / laide
fort / forte
tendre / tendre
joli / jolie

beau / belle
nouveau / nouvelle

(B) Ton grand frère est marié ?
Non, il est célibataire.
Il a une petite amie ?
Oui, elle s'appelle Mathilde, elle est très belle.

célibataire / célibataire
marié / mariée
divorcé / divorcée

(C) Comment est ta mère ?
Elle est gentille et bavarde.
Ma mère aussi. Et ton père ?
Il est souriant, mais sévère !

intelligent / intelligente
bavard / bavarde
souriant / souriante
sympa / sympa
gentil / gentille
sévère / sévère
travailleur / travailleuse
moqueur / moqueuse
studieux / studieuse
paresseux / paresseuse
courageux / courageuse

(D) La dame là-bas, c'est madame Duval ?
Non, madame Duval est plus petite.
Alors, c'est madame Durand.
Non plus, madame Durand est moins grosse.

A Paris, le 30 avril

Cher Thomas,

Je voudrais connaître ton frère Julien. Il est comment ? Grand et musclé aux yeux bleus ? Est-ce qu'il est marié ? Moi, je n'ai pas de grand frère. C'est dommage ! Et je n'ai même pas de copain ! Mais ma petite sœur a déjà quelqu'un, à 17 ans ! Il est petit, gros, gentil et souriant, bref il est sympa. Je pense que ma sœur aime beaucoup son copain et je suis contente pour elle. Ma sœur est une fille adorable. Elle est sensible, tendre et intelligente, comme notre mère.

A plus,
Yu-Jin

J'apprends

Elle a un copain (un petit ami). - Il a une copine (une petite amie).

Comment est ta copine ? - Elle est mignonne.

Quelle est la couleur de ses yeux ? - Elle a les yeux noirs.

Elle a les yeux marron. = C'est fille aux yeux marron.

Elle a les yeux bleus **comme le ciel**.

Elle est jolie **comme un cœur**.

Ses cheveux sont comment ? - Elle a les cheveux roux.

Mon père **porte** une barbe et des lunettes.

Quel est son caractère ? - Il est souriant et bavard.

Ma mère est toujours de bonne humeur.

Tu es mariée ? - Non, je suis célibataire.

David est marié, il a deux enfants.

Ma sœur est **plus** intelligente **que** moi.

Couleurs des yeux

vert / verte
gris / grise
bleu / bleue
noir / noire
marron

Couleurs des cheveux

blond / blonde
brun / brune
roux / rousse
châtain
noir / noire
blanc / blanche

Adjectifs au masculin ou au féminin

Cherchez les adjectifs dans les textes et complétez le tableau :

Groupe 1 : M → F(e)	Groupe 2 : M = F	Gr 3 : M → F(dc)(e) (dc = double consonne)	Gr 4 : M(eux) ou M(eur) → F(euse)
grand / grande	mince / mince	gentil / gentille	studieux / studieuse travailleur / travailleuse

masculin = M, féminin = F

Adjectifs au pluriel

Elles sont petites et mignonnes.

Ils sont grands et forts.

Mais : Ils sont gros.

Il a les yeux noirs.

les yeux (un œil)

Il a les yeux bleus / verts.

Mais : Il a les yeux gris / marron.

Il a les cheveux châtain.

les cheveux (un cheveu)

Elle a les cheveux noirs / blonds.

Mais : Elle a les cheveux châtain / roux.

Elle est coquine comme sa mère.

Le comparatif

Elle est **moins** bavarde **que** moi.

Il est **plus** intelligent **que** moi.

Elle est **aussi** gentille **que** sa mère.

Mais : Il est grand **comme** son père.

Prononciation : [v] et [f]

Ecoutez et repérez comment les sons [v] et [f] s'écrivent

[v] : vacances, voiture, vinaigrette, avancer, caveau, pivoine, favorable

[f] : feu, femme, français, œuf, coiffeur, effet, phrase, pharmacie, catastrophe

Je pratique

Vocabulaire

Activité 1 : Mots croisés

Vertical :

1. Elle n'aime pas travailler.
2. Il fait de la musculation.
3. Il étudie tous les jours.
5. Il sourit souvent.

Horizontal :

4. Elle mange trop.
6. Elle n'a pas peur.
7. Elle parle beaucoup.
8. Elle n'est pas jolie.
9. Il n'est pas méchant.
10. Il n'est pas grand.

Activité 2 : Trouvez l'intrus – soulignez le mot qui ne va pas avec les autres

A. petit – grand – gentil – mince – gros

B. charmante – intelligente – blonde – bavarde – souriante

C. fort – aimable – beau – mignon – grand

Grammaire

Activité 3 : Remettez les mots en ordre

A 1. / comment ? / sœur, / elle / Je / est / ta / ne connais pas /

____

2. / bruns. / est / grande et / mince, / Elle / aux cheveux /

____

B 1. / marié ? / ton / déjà / est / Est-ce que / grand frère /

____

2. / il / mais / a / célibataire, / Non, / est / il / une copine. /

____

Activité 4 : Complétez avec des adjectifs convenables

1. Mon frère David est grand, beau et intelligent, ma sœur est comme lui :

______________ , ______________ et ______________ .

2. Mon père est charmant, souriant et gentil, ma mère est comme lui :

______________ , ______________ et ______________ .

3. Ma tante est brune, bavarde et travailleuse, mon oncle est comme elle :

______________ , ______________ et ______________ .

4. Mon cousin est blond, mince et paresseux, ma cousine est comme lui :

______________ , ______________ et ______________ .

Ecoutez pour vérifier vos réponses

Communication

Activité 5 : Reliez les deux parties de la phrase

1. Ma sœur est encore célibataire, mais
2. Sylvie ? C'est la fille là-bas, aux cheveux
3. J'ai les yeux comme ma mère,
4. Son petit frère a 3 ans,
5. Ma meilleure amie est
6. Notre professeur est marié, et
7. Mon père porte
8. Mon grand frère est intelligent,
9. Ma sœur Céline est plus jeune

a. une barbe et des lunettes.
b. toujours de bonne humeur.
c. il a toujours de bonnes notes.
d. que moi.
e. elle a un petit ami.
f. il est mignon.
g. blonds.
h. bleus comme le ciel.
i. sa femme est jolie.

1.	2.	3.	4.	5.	6.	7.	8.	9.
e				b				

Activité 6 : Remettez le dialogue en ordre

A. Non, sa copine est grande et mince aux cheveux bruns.

B. Ah, moi aussi, je connais Hélène : elle est petite, blonde et ronde, et elle porte des lunettes.

C. Oui, c'est lui. Il est beau ! Mais ... il est avec une fille ! C'est sa copine ?

D. Non, juste un peu, je connais mieux sa sœur. Elle s'appelle Hélène et elle a 22 ans.

E. Anne, regarde là-bas, c'est Sébastien ?

F. Tu connais bien la copine de Sébastien ?

1.	2.	3.	4.	5.	6.
E			F		

Ecoutez pour vérifier vos réponses

Je mesure mes acquis

J'écoute

Yu-Jin et Mario attendent un bus. De l'autre côté, sur un parking, une femme attire leur attention. **Soulignez la bonne proposition :**

1. La femme sur le parking est :
   - petite ou grande ?
   - mince ou grosse ?
   - aux cheveux noirs ou aux cheveux blonds ?
   - belle ou laide ?
   - célibataire ou mariée ?
   - stupide ou intelligente ?
   - travailleuse ou paresseuse ?
2. Qui connaît bien la femme ?
   - Mario ?
   - Yu-Jin ?
3. Qui est-ce ?
   - La serveuse du restaurant
   - La directrice de l'institut
   - L'infirmière de l'hôpital

Je lis

A Bordeaux, le 6 mai

Chère Yu-Jin,

Mon frère Julien est petit et mince aux yeux marron. Il porte des lunettes. Il est toujours souriant et de bonne humeur. Il est moins bavard et beaucoup plus intelligent que moi. Il est encore célibataire et il n'a pas de petite amie. Il n'a pas de temps pour sortir, il est tout le temps à l'hôpital. Tu voudrais connaître mon frère ? Viens à Bordeaux ! Notre mère est une excellente cuisinière et notre père fait des blagues tout le temps. Dis-moi quand tu es libre.

Bisous,
Thomas

1. Comment est le frère de Thomas ?

   ____

2. Qui parle le plus, Julien ou Thomas ? ______________________________
3. Qui est le plus intelligent, Julien ou Thomas ? ______________________________
4. Est-ce que Julien est marié ? ______________________________
5. Comment sont les parents de Thomas et de Julien ?

   ____

J'écris

Dans sa lettre, Lucie accepte votre invitation à Tours, elle voudrait venir avec son copain Damien. Elle décrit Damien dans sa lettre et elle envoie une photo de lui. **Complétez :**

A Lyon, le ________________

Chère ___________,

Merci pour ton invitation. Je voudrais venir à Tours avec mon copain Damien. Est-ce que c'est possible? Il est sympa! Il ___________ ans. Il est ______________, il fait ses études à la Sorbonne. Il vient ______________, mais il habite _______________ maintenant. Il est ____, aux yeux ___________________. Il a les cheveux ___________________. Il est gentil, ____ ____. Maintenant, tu connais mon copain. J'ai hâte de venir chez toi à Tours.

______________,

Ton amie Lucie

Damien

Je parle

Mémorisez et jouez le dialogue

Yu-Jin et Mario attendent un bus. De l'autre côté sur un parking, une femme attire leur attention.

Mario : Yu-Jin, regarde la femme là-bas sur le parking !
Yu-Jin : Laquelle ? La petite et grosse ?
Mario : Non. La grande et mince, aux cheveux noirs.
Yu-Jin : Ah, je vois. Tu ne la connais pas ?
Mario : Non, qui est-ce ?
Yu-Jin : C'est la directrice de notre institut.
Mario : Qu'elle est belle !
Yu-Jin : Oui, mais elle est déjà mariée.
Mario : Dommage !
Yu-Jin : Elle est intelligente et travailleuse.
Mario : Je voudrais bien rencontrer une femme comme elle !

la = la femme là-bas

Je veux savoir...

Comment on s'habille en France ?

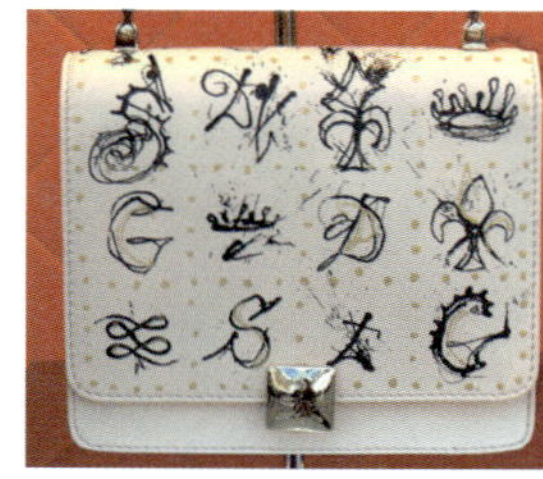

accessoire

luxe

robe de soirée

prêt-à-porter

vitrine aux Champs-Elysées

laine et soie

élégance

haute-couture

chic

coton et lin

flacon

tailleur

fragrance

costume

parfum

Leçon 7

Je parle de mes goûts et de mes loisirs

Je découvre

(A) Tu aimes le football ?
Oh oui, j'adore le foot ! Et toi ?
Moi aussi. Je regarde souvent des matchs.
Mon frère préfère le basket.

(B) Tu écoutes du hip-hop ?
Non, je n'aime pas le hip-hop ! Et toi ?
Moi non plus. J'aime mieux le jazz.
Le jazz ? Je déteste ça !

(C) Mon frère aime bien faire du sport.
Ah bon ? Quel sport il préfère ?
Il aime beaucoup le badminton. Et toi ?
Moi, j'aime bien jouer au tennis.

(D) Quels sont tes loisirs ?
Je fais de la randonnée en montagne. Et toi ?
Moi, c'est plutôt la lecture et le cinéma.
Tu es comme ma sœur, elle n'aime pas le sport.

Des sports
le football
la natation
le taekwondo
le tennis
le volleyball
le ski
le basket
la boxe

Des loisirs
écouter de la musique
jouer du piano
jouer au foot
faire du sport
faire de la randonnée
faire de la peinture
faire des magasins
regarder des matchs
chanter au karaoké
bavarder avec ses amis
sortir le soir
collectionner les timbres

A Paris, le 11 mai

Cher Thomas,

Le week-end, tout mon groupe va à la mer. On va voir un concert de rock sur la plage. Moi, je n'aime pas beaucoup le rock, mais la nuit au bord de la mer, c'est génial! Après le concert, nous allons manger des fruits de mer au restaurant. Oh, les fruits de mer, j'adore ça ! Mario déteste ça, alors, il ne va pas au restau avec nous. Moi, j'aime beaucoup la mer, le soleil et les promenades sur la plage. Et toi, Thomas ? Quelle musique tu écoutes ? Quels sont tes plats préférés ? Et quel est ton passe-temps préféré ?

Je t'embrasse,
Yu-Jin

J'apprends

Qu'est-ce que tu aimes faire ? / Quels sont tes loisirs ? / Quel est ton passe-temps ?

- J'aime faire du sport et écouter de la musique.

Tu aimes chanter ? / Vous aimez chanter ? - Oui, j'adore chanter.

Quel sport tu préfères ? / Quel est ton sport préféré ?

- J'aime beaucoup le basket.

J'aime **bien** jouer au foot - Moi, j'aime **mieux** regarder des matchs. (= Je préfère).

Je vais **souvent** danser et je fais **rarement** les magasins.

Aimer / adorer / préférer / détester + **infinitif**

J'aime voyag**er**. / Il adore chant**er**. / Elle déteste cuisin**er**.

Aimer / adorer / préférer / détester + **nom**

Il adore **les** voyages. / Nous détestons **la** boxe.

Tu aimes **le** tennis ? - Non, je préfère **l'**équitation.

Nuancer	
J'aime nager. ☺	Je n'aime pas skier. ☹
J'aime bien cuisiner. ☺☹	Je n'aime pas beaucoup chanter. ☹☹
J'aime beaucoup jardiner. ☺☺	Je n'aime pas du tout courir. ☹☹☹
J'adore voyager. ☺☺☺	Je déteste la boxe. ☹☹☹

J'aime le chocolat. ☺ - **Moi aussi**. (J'aime le chocolat.) ☺

- **Moi non**. (Je n'aime pas le chocolat.) ☹

Je n'aime pas le café. ☹ - **Moi non plus**. (Je n'aime pas le café.) ☹

- **Moi si**. (J'aime le café.) ☺

Jouer de ...
(musique)
jouer du piano
jouer de la guitare
jouer de l'accordéon

Jouer à ...
(sport collectif, jeux)
jouer au basket
jouer aux échecs

Articles partitifs
du, de la, de l', des

Faire + articles partitifs
faire du sport
faire de la musique
faire de l'équitation
faire des jeux vidéo

Verbe irrégulier

Faire
je **fais**
tu ________
il / elle ________
nous **faisons**
vous ________
ils / elles **font**

Prononciation : écoutez et cochez la case correspondante au son correct

[b] et [p] : / bas – pas / baie – paix / bip – pipe / bord – port / bout – pou / bain – pain /

[b]						
[p]						

[b] et [v] : / ballet – valet / beau – veau / ber – ver / bain – vain / bout – vous / il bat – il va /

[b]						
[v]						

[v] et [f] : / valoir – falloir / vous – fou / vin – fin / vair – faire / ils vont – ils font /

[v]					
[f]					

[p] et [f] : / pin – faim / paix – faix / pour – four / pondre – fondre / proie – froid

[p]					
[f]					

Je pratique

Vocabulaire

Activité 1 : Trouver les sports

1. I A T O N A N T = ____________
2. K T A B E S = ____________
3. M A I N D N T O B = ____________
4. N S E T N I = ____________
5. O A K T E O D W N = ____________

Activité 2 : Classez les loisirs. (S = sport, C = culture, A = art, J = jeu, M = musique)

1. patiner sur une patinoire **S**
2. faire des jeux vidéo
3. jouer au basket
4. écouter de la musique
5. faire de la sculpture
6. faire de l'équitation
7. jouer du piano
8. faire de l'athlétisme
9. chanter au karaoké
10. faire de la randonnée
11. aller au cinéma
12. jouer aux cartes
13. aller voir des expositions
14. lire des romans
15. nager à la piscine
16. faire de la danse
17. aller voir un match
18. aller au concert
19. faire du vélo
20. faire de la peinture

Grammaire

Activité 3 : Lucie décrit ses loisirs. Complétez

Mes parents disent que je suis sportive. C'est vrai. J'aime jouer ________ tennis, faire ________ badminton avec ma petite sœur et faire ________ randonnée avec mon père. Mais, j'aime mieux ________ livres et ________ musique. Dans ma bibliothèque, il y a beaucoup de romans, je préfère ________ romans historiques. J'écoute ________ musique tous les jours. J'adore ________ chansons d'Edith Piaf. Et je joue ________ piano et ________ clarinette.

Ecoutez pour vérifier vos réponses

Communication

Activité 4 : Associez les questions aux réponses

1. Qu'est-ce que tu aimes faire ?
2. Tu aimes chanter ?
3. Quels sont les loisirs de ton copain ?
4. Quel sport préfère ta sœur ?
5. Vous aimez cuisiner ?
6. Vous faites souvent des achats au centre-ville ?

a. Elle adore le baseball.
b. Non, j'aime mieux aller manger au restaurant.
c. Oui, je vais souvent au karaoké.
d. Il aime bien nager et jouer au foot.
e. Non, j'achète mes vêtements sur Internet.
f. J'aime faire du vélo et aller au cinéma.

1.	2.	3.	4.	5.	6.
f					

Ecoutez pour vérifier vos réponses

Compréhension des écrits

Activité 5 : Lisez l'annonce et répondez aux questions

RENCONTRE AMICALE

Christian, 52 ans, handicapé, autonome, anxieux mais sérieux, gentil et sympa. Célibataire, ouvrier, habite seul à Bouguenais, 10 km de Nantes. Aime les chiens, écouter de la musique, lire. Mange souvent au restaurant.

1. Christian est marié. V / F
2. Il a plus de cinquante ans. V / F
3. Il est souvent stressé. V / F
4. Il habite avec un ami. V / F
5. Il aime les animaux. V / F
6. Il n'aime pas la musique. V / F
7. Il aime manger au restaurant. V / F

Compréhension de l'oral

Activité 6 : Ecoutez. Qu'est-ce que ces personnes aiment faire ?

Eric	
Céline	
François	
Anita	

Je mesure mes acquis

J'écoute

Mario attend la visite d'un cousin. Yu-Jin s'intéresse à lui. **Cochez la bonne réponse :**

1. Paco est □ la sœur de Mario □ le cousin de Mario □ la copine de Mario.
2. Paco est □ grand, gros, sympa □ petit, mince, sympa □ grand, mince, sympa.
3. Ses yeux sont □ gris □ bleus □ marron.
4. Paco aime □ chanter □ danser □ jouer de la guitare.
5. Il déteste □ le rock □ le hip-hop □ le jazz.
6. Yu-Jin aime beaucoup □ le rock □ le hip-hop □ le jazz.

Je lis

A Bordeaux, le 16 mai

Chère Yu-Jin,

Alors, vous allez à la plage pour assister à un concert de rock ? Je voudrais venir avec toi. Moi, j'adore le rock. Mais, pour les fruits de mer, je suis un peu comme Mario. Je préfère un bon steak saignant avec des frites. Avec mes amis, nous allons souvent au cinéma et après le film, nous dînons au restaurant. A la maison, j'écoute de la musique, à part le rock, j'aime bien le hip-hop et le reggae. Mais avec ma mère, j'écoute aussi de la musique classique. Le week-end, j'aime jouer au foot avec des amis ou regarder un bon film avec mon père.

Amicalement,
Thomas

1. Quelle musique préfère Thomas ?

____

2. Qu'est-ce qu'il aime manger ?

____

3. Que fait Thomas quand il sort le soir ?

____

4. Qu'est-ce qu'il aime faire le week-end ?

____

5. Quels loisirs partage Thomas avec ses parents ?

____

____

J'écris

Lucie et Damien viennent bientôt chez vous. Pour préparer leur visite, vous voulez savoir quels sont leurs loisirs. Et vous, vous présentez vos passe-temps. **Complétez :**

> *A Tours, ____________*
>
> *Chère ____________ ,*
>
> *Bien sûr, tu peux venir avec ton copain Damien. Au contraire, c'est génial! Qu'est-ce que vous aimez faire?*
> *Moi, j'aime ______________________________*
>
> ______________________________
>
> ______________________________
>
> ______________________________
>
> ____________________.
>
> *Et vous, quels sont vos loisirs?*
>
> *Bisous,*
> *Ton ____________________*

Je parle

Mémorisez et jouez le dialogue

Mario attend la visite d'un cousin. Yu-Jin s'intéresse à lui.

Yu-Jin : Mario, tu es libre le week-end prochain ?

Mario : Désolé, mon cousin Paco vient de Madrid.

Yu-Jin : Ah bon ? Il est comment, ton cousin ?

Mario : Grand, mince, aux yeux bleus... et super sympa !

Yu-Jin : Et qu'est-ce qu'il aime faire ?

Mario : Il adore la musique, il joue de la guitare.

Yu-Jin : C'est vrai ? Et qu'est-ce qu'il aime écouter ? Le rock ?

Mario : Non, il déteste le rock ! Il préfère le hip-hop.

Yu-Jin : Moi aussi, j'adore le hip-hop.

Je veux savoir...

Quels sports aiment les Français ?

le Tour de France

tournois d'escrime

Roland-Garros

le XV de France

l'Olympique de Marseille

Leçon 8

Je me déplace et je m'oriente au centre-ville

Où est la poste ?

Elle n'est pas loin d'ici,
à cinq minutes à pied.

Je prends le bus numéro 63
et je descends à l'arrêt suivant.

Nous attendons le bus.

Elle valide son ticket de bus.

Je découvre

(A) Salut, Raphaëlle, où vas-tu ?
Je vais à la poste.
Tu y vas à pied ?
Non, c'est loin, je prends le bus.

(B) Tu habites où ?
33, rue de la gare. C'est près d'ici.
A côté de la gare ?
Non, en face de la gare.

Prendre
le bus
le bateau
le tram(way)
le métro
la voiture
la moto
un taxi
le vélo

Aller
en bus
en bateau
en tram(way)
en métro
en voiture
en moto
en taxi
à vélo
à pied

(C) Thomas, tu sais comment venir chez moi ?
Non, je ne sais pas.
Tu prends le bus n° 23.
D'accord, et je descends où ?
Tu descends devant la mairie.

l'université
la gare
la boulangerie
l'église
le supermarché
le grand magasin
la bibliothèque
la poste
la mairie
le stade
la piscine

(D) Bonjour, madame, connaissez-vous le quartier ?
Oui, bien sûr, j'habite ici.
Je cherche la bibliothèque municipale.
Elle n'est pas loin, c'est à cinq minutes à pied.

A Paris, le 21 mai

Cher Thomas,

Je connais bien Paris maintenant. Mario n'habite pas loin de mon studio. Pour aller au centre de langues, nous prenons souvent le métro ensemble. La station de métro est juste en face de chez moi. Tous les week-ends, je vais au centre-ville en bus ou en métro. Le métro parisien est un vrai labyrinthe, mais je m'oriente déjà assez bien. Et il est plus rapide que le bus. Et toi, tu habites en banlieue ou au centre de Bordeaux ? Quel transport tu utilises pour aller à l'université ? Il y a le métro à Bordeaux ?

Grosses bises,
Yu-Jin

P.S. Merci pour ton invitation, je voudrais venir à Bordeaux en juin, après la fin des cours.

J'apprends

Tu vas où ? / Où allez-vous, madame ?

- Je vais **à** la boulangerie.

Aller à + lieu

Vous allez où, les filles ?

- Nous allons **au** supermarché.

Tu habites où ? / Où habitez-vous, monsieur ?

- **En face de** la mairie.

Question par inversion :

Comment allez-vous, madame ?

Connaissez-vous Suzanne ?

Savez-vous où est la poste ?

Où habitez-vous, monsieur ?

J'habite en banlieue. / Il habite au centre-ville. / Elle habite dans un studio.

Nous allons à l'université. - Vous **y** allez comment ? - Nous **y** allons en bus.

Comment je vais chez vous ?

- Vous prenez un taxi et vous descendez **devant** la mairie.

Tu sais où est la poste ? - Non, **je ne sais pas.**

Savez-vous où est l'église, **s'il vous plaît** ?

- Oui, elle n'est pas **loin d'ici** = elle est **près d'ici**.

Je suis **à la maison** = Je suis **chez moi.**

A la maison =

chez moi	chez vous
chez toi	chez nous
chez lui	chez eux
chez elle	chez elles

Le pronom y

Je vais **à la poste**.

Tu **y** vas en voiture ?

Non, j'**y** vais en bus.

Regardez la pomme. Où est-elle?

à côté **de** / à gauche **de**

à côté **de** / à droite **de**

entre _____ et _____

devant / en face **de**

derrière

Verbe -dre

Descendre
je descend ___
tu descend ___
il / elle descend
nous descend**ons**
vous descend ___
ils / elles descend**ent**

Verbes -dre

Terminaisons	
je	- ___
tu	- ___
il / elle	- ___
nous	- **ons**
vous	- ___
ils / elles	- **ent**

Ils descendent du tram.

Ils prennent le tram.

Verbe irrégulier

Prendre
je ________
tu ________
il / elle ________
nous **prenons**
vous ________
ils / elles **prennent**

Verbe irrégulier

Savoir
je ________
tu ________
il / elle **sait**
nous **savons**
vous ________
ils / elles **savent**

Prononciation :

Ecoutez et repérez comment les sons [ʒ], [z], [ʃ] et [s] s'écrivent

[ʒ] : je, jambon, bijou, soja, bonjour, toujours, Julien, genou, Georges, pigeon, manger, neige, congé, gilet, aubergine, gymnase, gymnastique

[z] : zapper, zéro, Amazone, bisou, rose, peser, trésor, bise, aisance, saison, vision

[ʃ] : chat, chez, chien, chinoise, changer, chanson, choisir, méchant, prochain, poche

[s] : sympa, sensible, séance, assiette, celle, ciel, cycle, science, scène, français, dix, nation

Je pratique

Vocabulaire

Activité 1 : Mots croisés

Vertical :

1. Le royaume des livres
2. Le paradis des consommateurs
3. J'y prends le train
6. J'y vais pour voir un match
7. L'administration de la ville

Horizontal :

4. J'y vais pour nager
5. J'y achète des croissants
8. J'y vais pour manger
9. J'y vais pour voir un film
10. J'y vais pour poster une lettre

Activité 2 : Trouvez dix moyens de transport

e	t	v	m	o	t	o	u
a	r	e	e	v	e	l	o
v	a	u	t	o	b	u	s
i	m	i	r	i	a	t	u
o	w	o	o	t	t	a	r
n	a	e	v	u	e	x	u
r	y	e	t	r	a	i	n
o	e	m	i	e	u	i	a

un avion

1. ____________________
2. ____________________
3. ____________________
4. ____________________
5. ____________________
6. ____________________
7. ____________________
8. ____________________
9. ____________________
10. ____________________

Communication

Activité 3 : Regardez le plan du centre-ville et complétez les dialogues

1. Bonjour, monsieur, je cherche la boulangerie, s'il vous plaît.

   Elle se trouve ______________________ la poste et la pharmacie.

2. Où est le café « Chez Claude », s'il vous plaît ?

   Il est ______________________ l'église.

3. Madame, savez-vous où est la mairie ?

   Oui, elle est ______________________ l'église.

4. Je cherche le café « Chez Pierre », s'il vous plaît.

   Il n'est pas loin. Il est __________________ la poste.

Ecoutez pour vérifier vos réponses

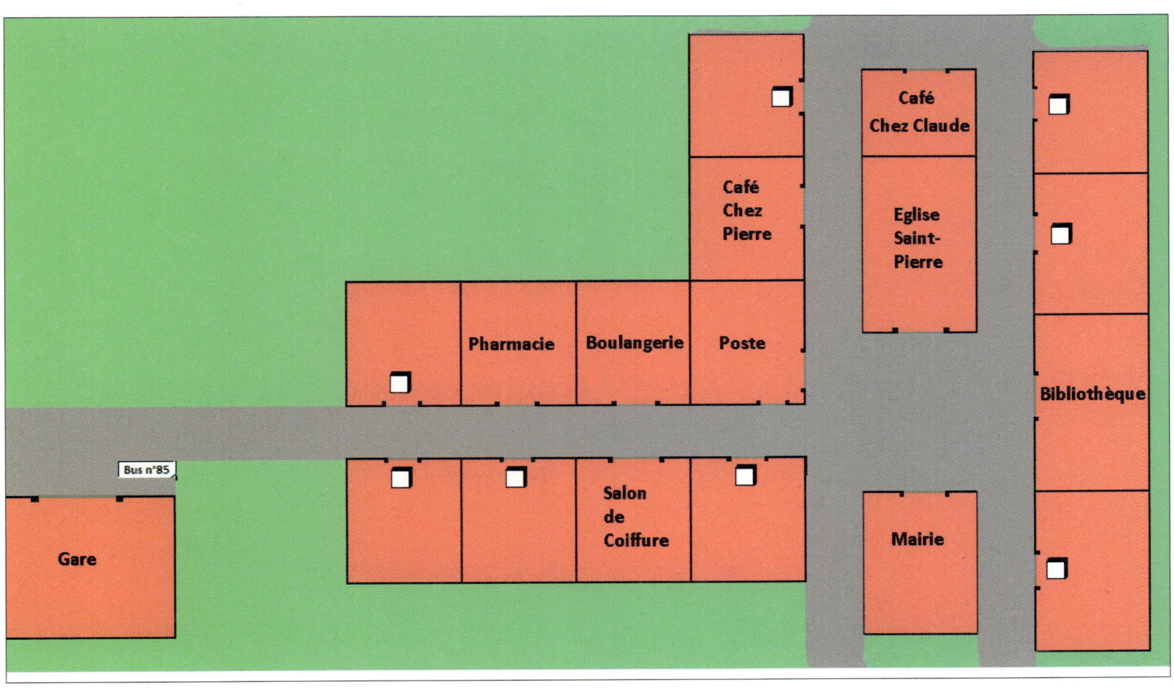

Activité 4 : Ecoutez et dans le plan du centre-ville cochez la maison de David

Compréhension des écrits

Activité 5 : Lisez le texte, puis soulignez ce qui convient

Le tramway est à la mode

En France, entre 1890 et 1950, le tramway est le transport urbain le plus utilisé. Puis, à l'exception de deux villes, Grenoble et Nantes, les voitures et les bus remplacent le tramway. Mais depuis l'an 2000, le tramway devient un transport à la mode. Tous les mois, une nouvelle ligne est inaugurée, les habitants de 24 villes françaises prennent aujourd'hui le tramway. Ecologique grâce à sa propulsion électrique, le tram est un mode de transport moins rapide que le métro, il est tout aussi confortable. L'installation des lignes de tram change le visage de la ville : on plante des arbres, on construit des pistes cyclables, on refait les trottoirs et on installe des bancs. Le tram attire aussi les habitants vers les transports en commun. Pour se déplacer en ville, beaucoup de Français préfèrent le tram à la voiture.

Le tramway est un mode de transport :

- nouveau ❑
- urbain ❑
- confortable ❑
- électrique ❑
- lent ❑
- écologique ❑
- mal accepté par les habitants ❑

Compréhension de l'oral

Activité 6 : Comment ils y vont ? Ecoutez et complétez le tableau

	Destination	Transport
1.	à Bordeaux	
2.	aux Etats-Unis	
3.	à la maison	
4.	chez les grands-parents	
5.	à la boulangerie	
6.	en Corse	

D'autres moyens de transport

le train

le TGV

le car

Je mesure mes acquis

J'écoute

Yu-Jin rencontre Mario au hasard dans la rue. **Répondez :**

1. Où va Mario ? ______________________________
2. Comment il y va ? ______________________________
3. Qui habite dans la rue de la Poste ? ______________________________
4. Quel transport Mario prend pour aller à la fête ?

____

5. Où est le studio de Fernando ?

____

Je lis

> A Bordeaux, le 26 mai
>
> Salut Yu-Jin,
>
> A Bordeaux, il n'y a pas de métro. Pour aller à mon université, je prends le tram. Il est moderne, spacieux et surtout écologique. Grâce au tram, il y a moins d'embouteillages au centre de Bordeaux. J'habite en banlieue et pour aller au terminus du tram, je prends le bus, j'y suis en dix minutes. Et le trajet en tram dure encore 25 minutes de plus. Dans le tram, je révise mes cours et j'envoie des messages à des copains ou à ma cousine Céline. Elle habite à Langon. Pour aller chez elle, je prends le train. C'est confortable, parce que la gare est tout près de chez moi.
>
> A plus,
>
> Thomas
>
> P.-S. : D'ailleurs, écris-moi enfin la date de ton arrivée !

1. Comment est le tram bordelais ?

____

2. Comment Thomas va à l'université ?

____

3. Combien de temps il faut à Thomas pour aller à l'université ?

____

4. Comment il va à Langon ?

____

5. Qui habite à Langon ?

____

J'écris

Lucie et Damien viennent passer un week-end chez vous à Tours. Ils voyagent en train. Dans votre lettre, vous expliquez à Lucie et Damien comment venir chez vous depuis la gare. **Complétez :**

A ____________________

____________ et ____________,

Votre ________ arrive à 17 heures 30 à la gare de Tours. Pour venir chez moi, c'est simple : ______________________________

____

____.

________. De là, ce n'est pas loin, c'est ____________ à pied ________. J'habite ______________________________

____________________ .

A bientôt,

____

Je parle

Mémorisez et jouez le dialogue

Par hasard, Yu-Jin rencontre Mario dans la rue.

Yu-Jin : Tiens, salut, Mario, où vas-tu ?

Mario : Je vais en ville voir des amis.

Yu-Jin : Tu y vas à pied ?

Mario : Non, je prends le tram.

Yu-Jin : Et tu es libre demain soir ? Il y a une fête chez Fernando. Tu viens ?

Mario : Bien sûr, il habite où ?

Yu-Jin : Pas loin de la gare, 52 rue de la Poste, dans un joli studio.

Mario : Mais, je ne connais pas le quartier...

Yu-Jin : Ecoute, tu prends le bus numéro 87 et tu descends en face de la poste.

Mario : Il habite loin de l'arrêt ?

Yu-Jin : Non, entre la poste et une boulangerie.

Je veux savoir...

Comment les Français utilisent les vélos en libre-service ?

à Bordeaux

à Lille

à Paris

Leçon 9

Je parle de l'heure et de mes projets

Je découvre

(A) Il est quelle heure, s'il te plaît ?
Il est trois heures et quart.
On est quel jour aujourd'hui ?
Aujourd'hui ? C'est vendredi.

Quand ?
lundi
aujourd'hui
le matin / le soir
à midi / à minuit
cet après-midi
ce soir
demain
le week-end prochain

(B) Qu'est-ce que tu fais demain après-midi ?
Je ne sais pas encore.
On va au cinéma ?
D'accord, rendez-vous à 18 heures.

Les jours de la semaine
lundi
mardi
mercredi
jeudi
vendredi
samedi
dimanche

Les mois de l'année
janvier
février
mars
avril
mai
juin
juillet
août
septembre
octobre
novembre
décembre

(C) Je vais au théâtre ce soir.
Moi, je révise pour mes examens.
Et le week-end ? Tu restes à la maison ?
Non, je vais chez ma grand-mère.

(D) Quand est-ce que vous partez en vacances ?
Mon mari et moi, nous partons le 16 juin. Et vous ?
Cette année, nous ne bougeons pas.
Alors, dès notre retour, je viens vous voir.

s'il te plaît
s'il vous plaît

partir

bouger

A Paris, le 3 juin

Cher Thomas,

La fin des cours de français approche. Vendredi prochain, notre petit groupe d'amis organise une fête dans un restaurant pas loin du centre de langues. Nous allons aussi inviter notre professeur, M. Dubois. Nous allons dîner ensemble. Si nous buvons du bon vin de Bordeaux, je vais penser à toi. A partir du 20 juin, je suis libre. Et toi ? C'est quand la fin des examens à l'université ? Je voudrais arriver à Bordeaux le 22 juin et rester chez toi trois ou quatre jours. Ça te va ? Si tu me réponds vite, je réserve aussitôt un billet de TGV.

A très bientôt, j'espère,
Ton amie Yu-Jin

J'apprends

On est quel jour aujourd'hui ? - **On** est lundi. / C'est lundi.

On est quelle date aujourd'hui ? - **On** est **le** 15 juin.

Quand tu viens chez moi ? - Je viens **en** juillet.

Qu'est-ce que vous faites samedi ? - Nous allons au cinéma.

Quels sont tes projets pour le week-end prochain ? - Je vais à la mer.

Qu'est-ce que vous allez faire l'été prochain ? - Nous allons voyager aux Etats-Unis.

Il est quelle heure maintenant ?

Quelle heure est-il, s'il vous plaît ?

- Il est trois heures (du matin).
- Il est trois heures de l'après-midi / Il est quinze heures.
- Il est trois heures et quart / quinze heures quinze.
- Il est trois heures et demie / quinze heures trente.
- Il est trois heures moins le quart / quatorze heures quarante-cinq.

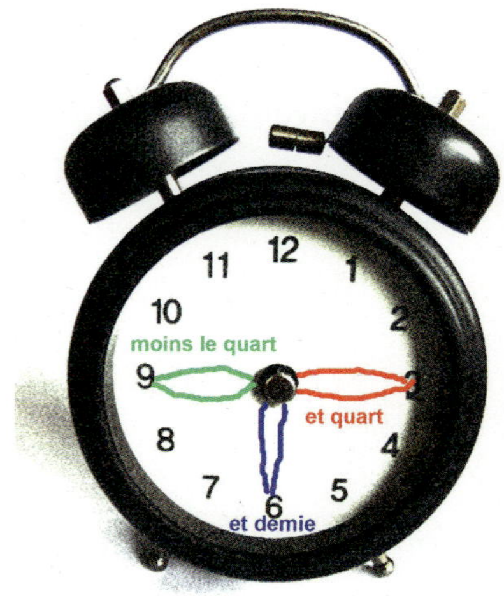

En quelle année ?

Quelle est votre date de naissance ? - C'est le 18 février 1993.

en 1789 – la Révolution française

(mille sept cent quatre-vingt-neuf / dix-sept cent quatre-vingt-neuf)

en 1889 – la Tour Eiffel

(________ huit ________ quatre-vingt-neuf / ________ ________ quatre-vingt-neuf)

en 2018 – les Jeux Olympiques d'hiver en Corée du Sud

(deux mille ________________)

Quand :

Tu pars quand pour Paris ? - **Le** 14 mai.

Tu es quand à Paris ? - **Du** 14 mars **au** 3 avril.

Quand tu rentres de Paris ? - **Le** 3 avril.

Quand arrive ton train à Paris ? - **A** 18 heures 47.

On :

Toi et moi, **on** va au cinéma.

(**on** = nous)

En Autriche, **on** parle allemand.

(**on** = les gens)

Adjectifs interrogatifs

quel, quelle, quels, quelles :

un nom (m.) : **Quel** est votre nom de famille ?

un bus (m.) : **Quel** bus tu prends ?

une profession (f.) : **Quelle** est votre profession ?

une heure (f.) : **Quelle** heure est-il ?

des projets (m., pl.) : **Quels** sont tes projets ?

des sports (m., pl.) : **Quels** sports tu préfères ?

des langues (f., pl.) : **Quelles** langues parlez-vous ?

des salles (f., pl.) : Les cours de français sont dans **quelles** salles ?

Adjectifs demonstratifs

ce, cet, cette, ces

le soir → **ce** soir

l'après-midi (m.) → **cet** après-midi

la semaine → **cette** semaine

l'année (f.) → **cette** année

les vacances → **ces** vacances

Le futur proche : Aller + infinitif

Je **vais** voyag**er** en août.	Nous ________ jouer au foot.
Tu ______ faire du vélo ?	Vous ________ rester ici ?
Il / Elle ______ aller à Paris.	Ils / Elles **vont** prendre le bus.

Prononciation :

Ecoutez et cochez la case correspondante au son correct

[s] et [ʃ] : ses – chez / siphon – chiffon / sous – chou / sien – chien / déçu – déchu / moussé – mouché / tasse – tache / tousse – touche / bus – bûche / je pense – je penche /

[s]										
[ʃ]										

[z] et [ʒ] : bouse – bouge / case – cage / s'user – sujet / saisi – c'est J / disent – dis-je / des œufs – des jeux / les ans – les gens / j'use – juge / les oies – les joies /

[z]									
[ʒ]									

Je pratique

Vocabulaire

Activité 1 : Réglez les réveils

A B C D E F G

A. Il est dix-huit heures trente.

B. Il est midi moins cinq.

C. Il est dix heures et quart.

D. Il est trois heures vingt-cinq.

E. Il est huit heures moins vingt.

F. Il est seize heures quarante-cinq.

G. Il est une heure moins le quart.

Grammaire

Activité 2 : Réécrivez le texte au futur proche

Aujourd'hui, Patrick et Emilie vont à la mer. Ils prennent le car de 7 heures du matin et ils arrivent à 9 heures 30. Emilie se promène au bord de la mer et Patrick se repose sur la plage. Puis, à midi, ils mangent des fruits de mer dans un petit restaurant sur la plage. Ils achètent quelques souvenirs et ils reviennent à la maison à 10 heures du soir.

Dimanche prochain,

____

____

____

____

Ecoutez pour vérifier vos réponses

Compréhension des écrits

Activité 3 : Lisez et répondez

Les heures d'ouverture de la piscine pour le public :

	lundi au jeudi	**vendredi**	**dimanche**
matin		8h – 12 h	9 h – 16h
après-midi	14h – 18h30	13h30 – 18h30	
Horaires d'été du 01 / 04 au 31 / 10			

	lundi au jeudi	**vendredi**	**dimanche**
matin		8h – 12 h	9 h – 16h
après-midi	14h – 17h30	13h30 – 17h30	
Horaires d'hiver du 01 / 11 au 31 / 03			

a/ En mai, Vincent voudrait nager une fois par semaine. Il est étudiant, il a des cours du lundi au vendredi, du matin au soir. Tous les week-ends, il est libre. Quel jour il va choisir ?

____

b/ Marie travaille dans une épicerie du lundi au samedi de 14h à 22h. Le dimanche, c'est son jour de congé. En décembre, elle voudrait aller à la piscine deux fois par semaine.

Quels jours elle va choisir ?

____

au printemps
en été
en automne
en hiver

Les saisons :

Les arbres sont en fleurs.

Les coquelicots fleurissent.

Les feuilles des arbres sont colorées.

On mange des marrons grillés.

Activité 4 : Lisez et répondez aux questions

Vous achetez souvent des fleurs ? Moi, oui. Bientôt, ça va être la fête des mères, je vais acheter un grand bouquet de roses jaunes chez le fleuriste de mon quartier. Ma mère adore les roses jaunes. A ma sœur, pour son anniversaire, je vais offrir des roses rouges. Et à ma copine Julie, je vais donner des tulipes blanches, dans le langage des fleurs, ça veut dire : *je t'aime beaucoup*. Tous les 1er mai, j'offre du muguet à toutes les femmes de la famille et à la Toussaint, le 1er novembre, je porte des chrysanthèmes sur la tombe de mes grands-parents.

chrysanthèmes

a. Relevez les noms de fleurs.

____

b. Pourquoi il offre des roses jaunes à sa mère ?

____

c. Pourquoi il offre des tulipes blanches à sa copine ?

____

Couleurs des fleurs
jaune / jaune
rouge / rouge
violet / violette
blanc / blanche
orange / orange

Compréhension de l'oral

Activité 5 : A quelle heure part le train ? Ecoutez et complétez le tableau :

	Destination	Moment du départ
1.	Strasbourg	
2.	Nantes	
3.	Lille	
4.	Bordeaux	
5.	Lyon	

Je mesure mes acquis

J'écoute

Mardi après-midi, dans la salle de classe, Mario et Yu-Jin font des projets. **Répondez :**

1. Qu'est-ce que Mario et Yu-Jin font ce soir ?

   ____

2. Ils vont se retrouver où et à quelle heure ?

   ____

3. Quel est le projet de Yu-Jin pour le week-end prochain ?

   ____

4. Qu'est-ce que Mario fait samedi et dimanche ?

   ____

Je lis

A Bordeaux, le 11 juin

ChèreYu-Jin,

La date convient parfaitement, je passe mon dernier examen le 17 juin. A quelle heure arrive ton train à Bordeaux ? Je viens à la gare et on prend le tram pour aller chez mes parents. Je vais préparer ta chambre et ma mère va nous faire un super dîner. Le 22 juin est un dimanche, mais mon frère Julien travaille à l'hôpital (je te dis, être infirmier c'est affreux !) Donc, il ne va pas dîner avec nous. Mais lundi, il est libre toute la journée et tous les trois, on va se promener au centre-ville et sur les quais de la Garonne. Et le soir, on va au cinéma, puis on mange au resto, bien sûr ! Je suis heureux de t'accueillir dans ma ville natale !

A très vite,
Thomas

1. Comment Yu-Jin voyage de Paris à Bordeaux ? ______________________________
2. Comment Thomas et Yu-Jin vont de la gare chez les parents de Thomas ?

   ____

3. Qui prépare le dîner ? ______________________________
4. Pourquoi Julien ne dîne pas avec eux ? ______________________________
5. Qu'est-ce qu'ils vont faire le 23 juin ? ______________________________

J'écris

Lucie et Damien arrivent à Tours ce week-end. Vous préparez des activités que vous allez faire avec eux du matin au soir.

> *Les activités pour ce week-end :*
>
> *Samedi :* ______________________
>
> ______________________
>
> ______________________
>
> ______________________.
>
> *Dimanche :* ______________________
>
> ______________________
>
> ______________________
>
> ______________________.

Je parle

Mémorisez et jouez le dialogue

Mardi après-midi, dans la salle de classe, Mario et Yu-Jin font des projets.

Mario : Yu-Jin, il est quelle heure ?

Yu-Jin : Il est trois heures dix.

Mario : Déjà ? Qu'est-ce que tu fais ce soir ?

Yu-Jin : Je ne sais pas encore. Et toi ?

Mario : Je vais à la bibliothèque pour emprunter un livre en français.

Yu-Jin : Je viens avec toi. A quelle heure tu y vas ?

Mario : A dix-huit heures. Ça te va ?

> Ça te va ? = Tu es d'accord ?
> Ça me va. = Je suis d'accord.

Yu-Jin : Oui, ça me va. Rendez-vous à l'entrée à dix-huit heures.

Mario : Et Yu-Jin, qu'est-ce que tu fais le week-end prochain ?

Yu-Jin : Je vais à Bordeaux voir un ami.

Mario : Moi, je révise le français à la maison.

Je veux savoir…

Quelles sont les régions touristiques en France ?

Cloître de l'abbatial de Moissac au sud

Château d'Angers à l'ouest

Falaises d'Etretat au nord-ouest

Un village alsacien au nord-est

Saint-Emilion au sud-ouest

Château de Chambord au centre

Leçon 10

Je mange chez des amis, je commande au restaurant

Je découvre

(A) A table, le dîner est servi !
Je m'assois où ? Sur cette chaise ?
Non, ici, à côté de moi.
Hmmm, ça sent bon !

Le petit déjeuner
Le déjeuner
Le dîner

(B) Qu'est-ce qu'on va manger ce soir ?
De la ratatouille. Ça te va ?
Oui, j'adore ça.
Et demain, on va faire du couscous.

(C) Alors, mesdames, qu'est-ce que vous prenez ?
Un magret de canard pour moi, s'il vous plaît.
Et pour vous, madame ?
Moi, je voudrais des moules frites.

(D) Tu prends un dessert ?
Non, je suis au régime. Je prends seulement un café.
Moi, je vais commander un gâteau à la crème chantilly.
Attention, ça fait grossir !

Plats français :

le bœuf bourguignon
le foie gras
les haricots verts
la tarte à l'oignon
la dinde aux marrons
la ratatouille
la blanquette de veau
le cassoulet
le magret de canard
la tartiflette
le gratin dauphinois
le coq au vin
le pied de porc
le gigot d'agneau
la truite meunière
la bouillabaisse
la salade niçoise
le couscous

Recette pour préparer la ratatouille
Ingrédients (pour 4 personnes) :
350 g d'aubergines
350 g de courgettes
350 g de poivrons de couleur rouge ou verte
350 g d'oignons
500 g de tomates bien mûres
3 gousses d'ail
6 cuillères à soupe d'huile d'olive
1 brin de thym, 1 feuille de laurier
sel et poivre

Préparation :

Pelez les tomates. Coupez les aubergines, les courgettes, les poivrons, les tomates et les oignons. Chauffez 2 cuillères à soupe d'huile dans une poêle et mettez y les oignons et les poivrons. Lorsqu'ils sont tendres, ajoutez les tomates, l'ail haché, le thym et le laurier. Salez, poivrez et laissez mijoter doucement durant 45 minutes. Pendant ce temps, faites cuire séparément les aubergines et les courgettes dans l'huile d'olive pendant 15 minutes. Ajoutez ces légumes aux tomates et faites cuire encore 10 minutes. Salez et poivrez si besoin.

J’apprends

Boissons
de l’eau
du vin
du champagne
de la bière
du café
du thé

Vous mangez à la maison ce soir ?

- Non, nous mang**e**ons au restaurant.

Tu bois **du** champagne ?

- Non, je ne bois pas **de** champagne.

Qu’est-ce que tu aimes boire ?

- J’aime la bière / j’aime boire de la bière.

Ce soir, on va manger **de la** choucroute alsacienne.

- Super, j’adore ça !

Ça sent bon ! C’est délicieux !

Vas-y ! Sers-toi ! / Allez-y ! Servez-vous !

Passe-moi le sel, s’il te plaît. / Passez-moi le plat, s’il vous plaît.

Je voudrais une carafe d’eau, s’il vous plaît.

Au restaurant :

Qu’est-ce que vous prenez ?

- Je **prends de la** quiche lorraine.
- Je vais prendre **du** poulet rôti avec **des** frites.
- Je voudrais **du** hachis Parmentier.

Articles partitifs : du, de la, de l’, des

J’aime **le** vin.

Mais : Je bois **du** vin. / Je voudrais **du** vin. / Je te sers **du** vin ?

te = à toi

Tu aimes **la** ratatouille ?

Mais : Tu prends **de la** ratatouille ? / Tu voudrais **de la** ratatouille ?

Il aime beaucoup **l’**entrecôte à la bordelaise.

Mais : Il va manger **de l’**entrecôte demain.

Elle adore **les** frites.

Mais : Elle voudrait **des** frites. / Elle mange souvent **des** frites.

Verbe -er

Manger
je mang _______
tu mang _______
il / elle mang _______
nous mangeons
vous mang _______
ils / elles mang _______

Verbe irrégulier

Boire
je _______
tu _______
il / elle **boit**
nous **buvons**
vous _______
ils / elles **boivent**

Verbe irrégulier

Servir
je _______
tu _______
il / elle **sert**
nous **servons**
vous **servez**
ils / elles **servent**

Verbes avec se

Se servir
je **me** _______
tu **te** _______
il / elle **se** sert
nous **nous** servons
vous **vous** servez
ils / elles **se** servent

S'asseoir
je **m'**assieds (je **m'**assois)
tu **t'**assieds
il / elle s'asssied
nous **nous** asseyons
vous **vous** asseyez
ils / elles **s'**asseyent

L'impératif

Se servir : Sers-toi ! Servez-vous !
S'asseoir : Assieds-toi ! Asseyez-vous !

Prononciation : [ʀ]

Ecoutez et répétez

[ʀ] : radio, rire, robot, arbre, armoire, trois, peur, dormir, fier, rhume, rhubarbe

Virelangue : écoutez et répétez

La robe rouge de Rosalie est ravissante.

Fruits frais, fruits frits, fruits cuits, fruits crus.

Je pratique

Vocabulaire

Activité 1 : Associez les phrases correspondantes

1. Tu manges où ce soir ?
2. Qu'est-ce que vous prenez, mademoiselle ?
3. Je vous sers du vin ?
4. Qu'est-ce que vous voulez boire ?
5. A midi, on mange du couscous.
6. J'aime beaucoup les frites.
7. Tu bois de la bière ?

A. De la limonade.
B. Non, je ne bois pas d'alcool.
C. Moi aussi, surtout avec du steak.
D. Super, j'adore ça.
E. A la maison.
F. Je prends du poulet rôti.
G. Oui, volontiers.

1	2	3	4	5	6	7
E						

Ecoutez pour vérifier vos réponses

Activité 2 : Trouvez l'intrus – soulignez le mot qui ne va pas avec les autres, puis remplissez les bulles.

A. la bière
l'eau minérale
le vin
le champagne
le cognac

B. le porc
le bœuf
l'agneau
le veau
les frites

C. le poulet
la truite
le canard
la dinde
le coq

Grammaire

Activité 3 : Remettez les mots en ordre

A 1. / souvent / chez nous. / au restaurant / Mes parents / près de / mangent /

____

2. / cuisine bien. / chez ma grand-mère : / je / manger / elle / Mais moi, / préfère /

____

B 1. / ce soir ? / qu'on / mange / Qu'est-ce /

____

2. / mange / de la / on / couscous / du / avec / Ce soir, / salade. /

____

Activité 4 : Complétez avec des articles

Je m'appelle Thomas Dupond et je viens de Bordeaux. J'aime beaucoup ________ vin et ________ bonne bière, j'adore ________ fromages forts. Je bois ________ vin tous les jours, un ou deux verres, puis à la fin de chaque repas, je prends ________ fromage. Tous les dimanches, mon père va au marché pour acheter ________ fruits et ________ légumes et ma mère fait des courses au supermarché. Elle achète ________ viande, ________ boissons et ________ café.

Ecoutez pour vérifier vos réponses

Compréhension de l'oral

🎧 Activité 5 : Ecoutez le dialogue et répondez aux questions

Marie et Paul choisissent des plats au comptoir du resto U.

a. Qui va prendre du poulet rôti ? ____________________

b. Qui va manger du riz ? ____________________

c. Marie ne mange pas de fromage. Pourquoi ? ____________________

d. Qu'est ce qu'ils prennent comme dessert ? ____________________

e. Qu'est ce qu'ils vont boire ? Marie : ______________, Paul : ____________________

Communication

Mettre
je mets
tu mets
il / elle met

Activité 6 : Remettez le dialogue en ordre

A. De la blanquette de veau. Mets la table, Clémence.

B. Merci, Clémence, on va manger dans 15 minutes.

C. Oh, ça sent bon ! Qu'est-ce qu'on mange ce soir, maman ?

D. Voilà, c'est fait.

E. Et combien de couverts je dois mettre ?

F. La grande nappe blanche.

G. Mets huit couverts, tes grands-parents et ta sœur vont manger avec nous ce soir.

H. On va boire du vin ?

I. Oui, maman. Quelle nappe je mets ?

J. Oui, mets des verres à pied.

1.	2.	3.	4.	5.	6.	7.	8.	9.	10.
C				E		H			

🎧 **Ecoutez pour vérifier vos réponses**

Je mesure mes acquis

J'écoute

Le 22 juin, Yu-Jin arrive à Bordeaux comme prévu. Chez les parents de Thomas, la table est déjà mise pour le dîner en famille. **Répondez :**

1. Où est assise Yu-Jin pendant le repas ? ______________________
2. Qu'est-ce qu'ils mangent ? ______________________
3. Qui sert du vin ? ______________________
4. Qu'est-ce que Yu-Jin voudrait boire ? ______________________
5. Yu-Jin aime le plat. Que dit-elle ? ______________________
6. Thomas est fier de sa mère. Que dit-il ?

____

Je lis

Se régaler = prendre du plaisir à manger un plat

Le journal de Yu-Jin

Le 23 juin :

La mère de Thomas est une excellente cuisinière. Le dîner d'hier : Merveilleux ! L'entrecôte à la bordelaise délicieuse ! Mais je ne comprends pas pourquoi les Français aiment tellement le vin. Moi, je préfère boire de l'eau au repas.

Les parents de Thomas sont un peu comme mes parents, ils passent beaucoup de temps à table. Ils aiment parler de leurs plats et de leurs boissons.

Demain, c'est le père de Thomas qui va cuisiner, il va préparer de la fondue savoyarde, c'est sa spécialité. Thomas dit qu'on va se régaler ! Je voudrais apprendre à cuisiner quelques plats français pour mes amis après mon retour en Corée.

1. Yu-Jin aime boire du vin à table. V / F

   Justifiez : ______________________

2. Les parents de Thomas ressemblent aux parents de Yu-Jin. V / F

   Justifiez : ______________________

3. Le père de Thomas ne sait pas cuisiner. V / F

   Justifiez : ______________________

J'écris

Avant leur départ de Tours, Lucie et Damien décident d'aller dans votre pays en été. Dans votre lettre, vous décrivez à Lucie et à Damien ce que vous allez faire et ce que vous allez manger pendant leur séjour.

____

_____________________ ,

____

____

____

____

____

____

_____________________ ,

____

Je parle

Mémorisez et jouez le dialogue

Le 22 juin, Yu-Jin arrive à Bordeaux comme prévu. Chez les parents de Thomas, la table est déjà mise pour le dîner en famille.

Thomas : A table, Yu-Jin ! Le repas est servi !
Yu-Jin : Je m'assois où ? A côté de toi ?
Thomas : Non, ici, en face de moi.
Yu-Jin : Humm, ça sent bon ! Qu'est-ce que c'est ?
Thomas : De l'entrecôte à la bordelaise avec de la salade verte et des frites.
Yu-Jin : Super, j'adore la viande et les frites !
Thomas : Je te sers du vin ?
Yu-Jin : Non, merci, je ne bois pas de vin. Je vais plutôt prendre de l'eau.
Thomas : Maman, passe-moi le sel, s'il te plaît. ... Merci.
Yu-Jin : C'est vraiment délicieux, madame.
Thomas : Ma mère est la meilleure cuisinière au monde !

Je veux savoir...

Comment on mange en France ?

apéritif :

champagne

entrée :

escargots

terrine de veau
aux poivrons

tarte aux légumes

foie gras

plat principal :

langue de bœuf,
purée de pommes de terre

plateau de fromages

dessert :

crème brûlée

tarte aux pommes

Auto-évaluation

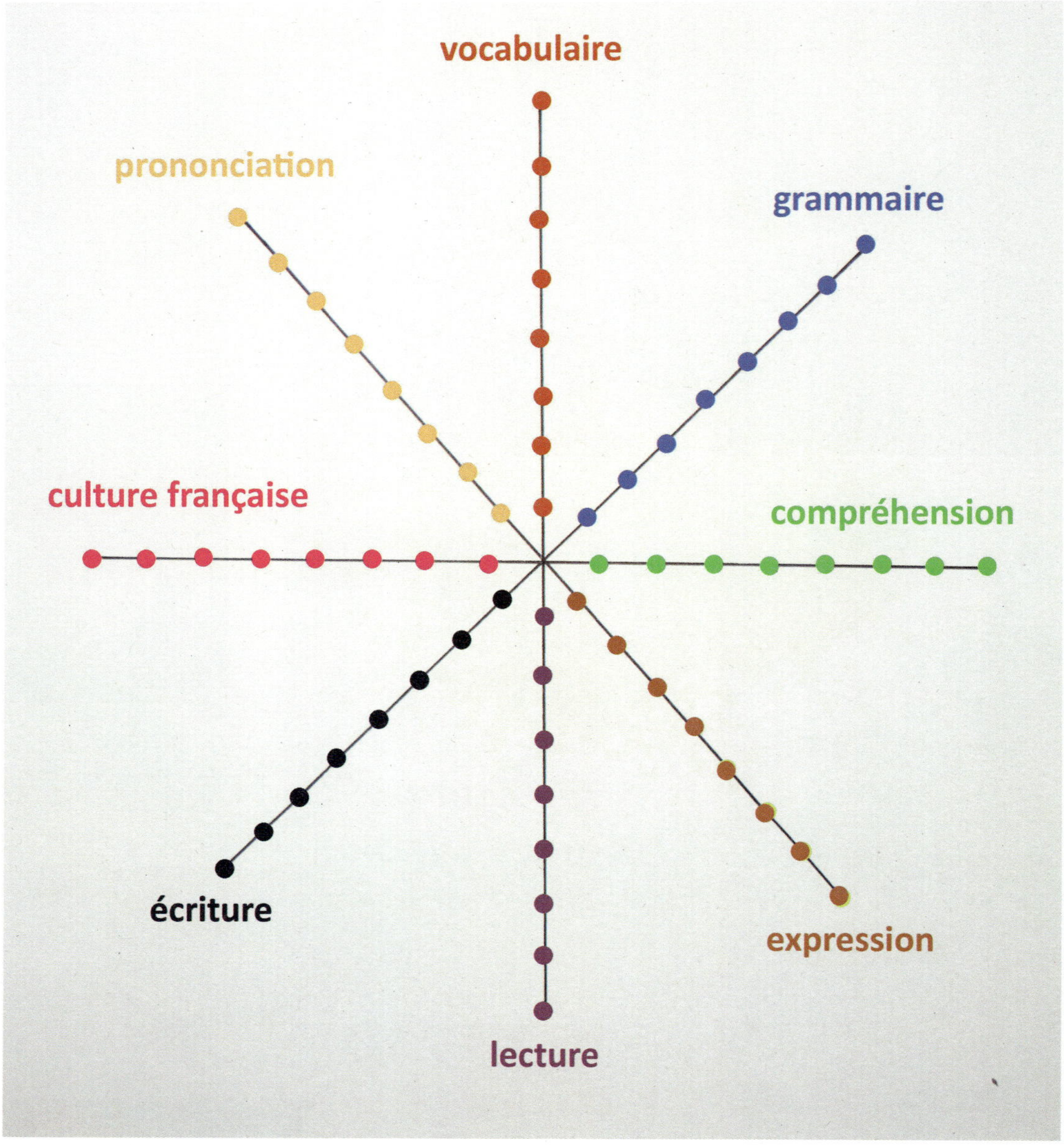

Exemple :

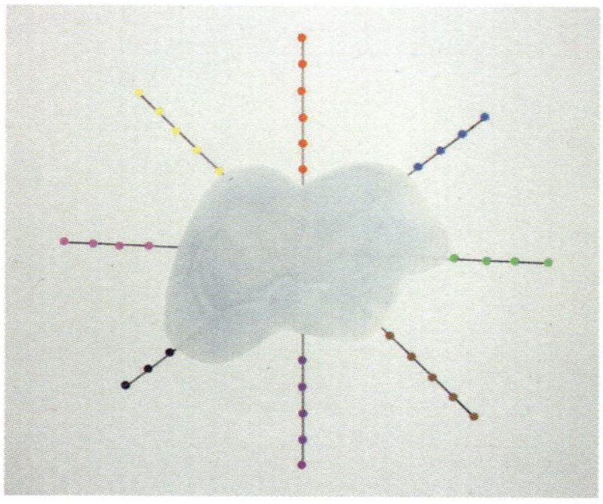

Transcriptions des activités de compréhension de l'oral

Leçon 4 - activité 4 (page 43)

Au bureau de recrutement

- Voilà, monsieur, vous pouvez vous présenter.
- Alors, ... oui ... je suis Christian Adler, ...
- Pouvez-vous épeler, s'il vous plaît ?
- Oui, mon nom de famille est Adler, A D L E R, mon prénom Christian, C H R I S T I A N. Je suis allemand, j'ai 45 ans et je viens de la région de Berlin. Mais actuellement, j'habite à Lyon, en France.
- Quelle est votre profession, Monsieur ?
- Je suis serveur.
- Quelles langues étrangères parlez-vous ?
- Je parle français, anglais et un peu espagnol.
- Votre numéro de téléphone, s'il vous plaît.
- C'est le 06 21 13 16 09.
- Et votre adresse courriel ?
- c.adler@orange.fr
- Très bien. C'est tout, nous allons vous contacter par téléphone dans les prochains jours.
- Merci, au revoir.
- Au revoir, Monsieur.

Leçon 7 – activité 6 (page 74)

- Tu fais du sport, Eric ?
- Moi, j'aime tous les sports. Avec mon frère, on joue au tennis le week-end ou on va voir un match de basket au centre sportif de notre ville.
- Et toi, Céline ?
- Je ne suis pas du tout sportive. Je préfère le cinéma. Je vais voir tous les nouveaux films au ciné ou je loue un DVD. J'aime aussi danser. Je voudrais m'inscrire dans un club de danse moderne.
- François, qu'est ce que tu aimes faire ?
- Moi, c'est la musique. Je joue du piano et de la guitare, je ne rate aucun concert de musique classique dans notre petite ville.
- Et toi, Anita, quels sont tes loisirs ?
- J'aime bien faire de la randonnée en montagne, comme mon père. Puis, j'adore nager, je vais souvent à la piscine avec ma sœur.

Leçon 8 – activité 4 (page 83)

- Dring, dring, dring !
- Oui, allô ?
- Salut, David, c'est Michèle.
- Bonjour, Michèle. Ça va ?
- Oui, ça va. Je t'appelle pour savoir comment aller chez toi samedi soir.
- Tu prends le train ?
- Oui, c'est ça.
- D'accord. Alors, tu descends du train, tu prends le bus n° 85, l'arrêt de bus est devant la gare. Tu descends du bus devant la poste. J'habite à côté du café « Chez Pierre ».
- Merci, David.
- De rien !
- A samedi !
- A samedi !

Leçon 8 – activité 6 (page 84)

1.
- Sonia, tu vas comment à Bordeaux ?
- Je prends le TGV à la gare Montparnasse. Le voyage dure trois heures.
- C'est rapide !

2.
- Cet été je vais aux Etats-Unis avec mes parents.
- Moi aussi, je voudrais aller aux Etats-Unis, visiter le Grand Canyon... Ils sont chers, les billets d'avion ?
- Oui, mais, moi, ce sont mes parents qui paient.

3.
- Après le déjeuner, je vais à la maison.
- Tu prends le bus ?
- Non, aujourd'hui, je rentre à pied.

4.
- Qu'est ce que tu fais ce week-end ?
- Je vais voir mes grands-parents à Strasbourg.
- Tu y vas comment ?
- J'y vais en train. C'est plus confortable qu'en bus.

5.
- Chérie, va vite à la boulangerie acheter deux baguettes.
- D'accord, j'y vais à vélo.
- Très bien. Prends aussi quelques croissants.

6.

- J'ai un oncle qui vit en Corse.
- Tu vas souvent le voir ?
- Oui, toutes les vacances. Avec mes parents, nous prenons un bateau de Marseille à Ajaccio, puis nous allons en bus dans son village.

Leçon 9 – activité 5 (page 94)

1.

- Bonjour, je veux aller à Strasbourg lundi après-midi.
- Il y a un train à 14 heures 45 et un autre à 16 heures 10.
- Je vais prendre le train de 14 heures 45.

2.

- Je voudrais un billet pour Nantes, s'il vous plaît.
- Pour le train de 9 heures 40 ?
- Oui, c'est ça.

3.

- Bonjour, je vais à Lille samedi prochain en fin d'après-midi.
- Il y a un train à 8 heures moins 5.
- Oh, c'est tard, il n'y a pas de train avant ?
- Désolé.
- Tant pis, je vais prendre ce train.

4.

- Je vais à Bordeaux demain, tu viens avec moi ?
- D'accord. A quelle heure on part ?
- On prend le TGV à midi et quart.

5.

- Chéri, mardi prochain, je vais à Lyon voir ma mère.
- Tu y vas en train ?
- Oui, je vais prendre le train de 17 heures 35.
- D'accord, je vais t'emmener à la gare.

Leçon 10 – activité 5 (page 104)

Marie et Paul mangent au resto U.

Paul : Alors, Marie, qu'est-ce que tu vas prendre aujourd'hui ?
Marie : Du poulet rôti avec des haricots verts. Et toi ?
Paul : Je préfère le bœuf bourguignon avec du riz.
Marie : Tu prends du fromage ?
Paul : Oui, bien sûr ! Et toi ?

Marie : Pas de fromage aujourd'hui. Ça fait grossir.
Paul : Ah, regarde, il y a du gâteau au chocolat en dessert !
Marie : Mmmmm, j'adore ça ! J'en prends deux morceaux.
Paul : Ah bon ? Et ton régime ?
Marie : Heu, je commence demain !
Paul : Qu'est-ce que tu vas boire avec ton poulet ?
Marie : Je vais boire de l'eau.
Paul : Moi, avec le bœuf, du vin rouge.

Tableaux des conjugaisons des verbes

aller	s'appeler (groupe –er)	être
je vais tu vas il / elle / on va nous allons vous allez ils / elles vont	je m'appelle tu t'appelles il / elle / on s'appelle nous nous appelons vous vous appelez ils / elles s'appellent	je suis tu es il / elle / on est nous sommes vous êtes ils / elles sont
parler (groupe –er)	**habiter (groupe –er)**	**connaître**
je parle tu parles il / elle / on parle nous parlons vous parlez ils / elles parlent	j'habite tu habites il / elle / on habite nous habitons vous habitez ils / elles habitent	je connais tu connais il / elle / on connaît nous connaissons vous connaissez ils / elles connaissent
avoir	**prendre / apprendre**	**venir**
j'ai tu as il / elle / on a nous avons vous avez ils / elles ont	je prends tu prends il / elle / on prend nous prenons vous prenez ils / elles prennent	je viens tu viens il / elle / on vient nous venons vous venez ils / elles viennent
faire	**écrire / décrire**	**lire**
je fais tu fais il / elle / on fait nous faisons vous faites ils / elles font	j'écris tu écris il / elle / on écrit nous écrivons vous écrivez ils / elles écrivent	je lis tu lis il / elle / on lit nous lisons vous lisez ils / elles lisent
dire	**descendre / attendre (groupe –dre)**	**choisir / finir (groupe –ir)**
je dis tu dis il / elle / on dit nous disons vous dites ils / elles disent	je descends tu descends il / elle / on descend nous descendons vous descendez ils / elles descendent	je choisis tu choisis il / elle / on choisit nous choisissons vous choisissez ils / elles choisissent

manger (groupe –er)	**boire**	**savoir**
je mange	je bois	je sais
tu manges	tu bois	tu sais
il / elle / on mange	il / elle / on boit	il / elle / on sait
nous mangeons	nous buvons	nous savons
vous mangez	vous buvez	vous savez
ils / elles mangent	ils / elles boivent	ils / elles savent
offrir	**découvrir**	**sentir**
j' offre	je découvre	je sens
tu offres	tu découvres	tu sens
il / elle / on offre	il / elle / on découvre	il / elle / on sent
nous offrons	nous découvrons	nous sentons
vous offrez	vous découvrez	vous sentez
ils / elles offrent	ils / elles découvrent	ils / elles sentent
servir	**sortir**	**partir**
je sers	je sors	je pars
tu sers	tu sors	tu pars
il / elle / on sert	il / elle / on sort	il / elle / on part
nous servons	nous sortons	nous partons
vous servez	vous sortez	vous partez
ils / elles servent	ils / elles sortent	ils / elles partent
courir	**se promener (groupe –er)**	**se reposer (groupe –er)**
je cours	je me promène	je me repose
tu cours	tu te promènes	tu te reposes
il / elle / on court	il / elle / on se promène	il / elle / on se repose
nous courons	nous nous promenons	nous nous reposons
vous courez	vous vous promenez	vous vous reposez
ils / elles courent	ils / elles se promènent	ils / elles se reposent

Les auteurs :

Eun-Mee RHEE :
professeure à l'Université nationale de Chungbuk
rhee99kr@chungbuk.ac.kr

Rodolphe MEIDINGER :
enseignant F.L.E. à l'Université nationale de Chungbuk
rodolphe.meidinger@gmail.com

Marcela DVOŘÁKOVÁ-MEIDINGER :
enseignante F.L.E. à l'Université Konkuk
marcela.meidinger@gmail.com

Imprimé en Corée du Sud par **SHINASA**,
28-36(2ème étage) Noc Beone-Dong, Eun Pyung-Gu, Séoul, Corée du Sud
Inscription publiée : 9-52/05 janvier 1956
Tel : 82-(0)2-382-6411
Fax : 82-(0)2-382-6401
E-mail : shinasa@daum.net
Homepage : www.shinasa.co.kr
Premier tirage : décembre 2014
second tirage : mars 2019

Prix : ₩15,000

ISBN : 978-89-8396-882-1 (93760)